Auf das Leben!

Die großen und kleinen Meilensteine des Lebens feiern

TINA TSCHAGE

AUF DAS *Leben!*

Die großen
und kleinen Meilensteine
des Lebens feiern

adeo

INHALT

VORWORT 9

DIE ACHTERBAHNFAHRT NAMENS LEBEN 11

Alles außer Langeweile

Manchmal ist es auch nur eine Frage der Entscheidung 16
Warum Rituale so wichtig sind.. 19

Wenn das Leben beginnt

Herzlich willkommen! 26
Den Geburtstag feiern – jedes Jahr aufs Neue...................................... 31
Einen Anlass zum Feiern findet man immer 33
Sternenkinder – wenn die Geburt kein Erlebnis ungetrübter Freude ist 34

Aus Babys werden Kleinkinder

Ein weinendes und ein lachendes Auge... 40
Die Schnullerfee kommt zu Besuch.. 42
Von Ameisen und Zahnfeen.. 43
Plötzlich ein Leben nach Stundenplan 46

Mit großen Schritten in Richtung Unabhängigkeit

Eine Zwischenzeit namens Jugend... 52
Endlich frei!... 59
Der Ernst des Lebens klopft an die Tür 66

Mitten im Leben

- Ja, ich will! 70
- Wertschätzung: Einfach mal die anderen feiern 82
- Überraschung für die werdende Mama 85
- Wenn etwas im Leben fehlt 87

Die Feste feiern, wie sie fallen

- Im Einklang mit den Jahreszeiten 100
- Gedenk- und Jahrestage 104
- Religiöse Feste im Verlauf des Jahres 108
- Zum Beispiel Weihnachten 112

Wunderbarer Alltag

- Ich liebe Alltag! 120
- Rituale im Familienalltag 128
- Raus aus dem Hamsterrad 132

Auf den letzten Metern

- Abschied vom Zuhause 142
- Unsere letzte Station 145
- Abschied feiern 153

Noch ein paar Praxistipps zum Schluss

- Wenn du noch nicht genug vom Feiern hast 158
- In wenigen Schritten zum schönsten Fest 160

DANKE 172

VORWORT

Liebe Leserin, lieber Leser!

Das Thema dieses Buches ist so wertvoll und wichtig in einer Welt, die viel zu sehr auf das schaut, was Angst macht und lähmt. Wir brauchen Anregungen zum Feiern und Strategien für Momente, die nicht so leicht sind.

Wenn ich schlechte Tage habe, sehne ich mich umso mehr nach Sonne und salziger Luft. Hier schöpfe ich Kraft und entdecke das locker-leichte Lebensgefühl wieder, das im Alltag manchmal abhandenkommt. Schon als kleiner Bube habe ich das Wasser für mich entdeckt. Lange Sommertage und der Geruch von Meerwasser an der schwedischen Küste haben sich aus Kindertagen in mein Herz gebrannt.

45 Jahre später habe ich das alles nochmals ganz neu entdeckt und mit meiner Leidenschaft für gute Bekleidung verknüpft: Ich gründete die Adenauer&Co, die deutsche Strandhaus-Marke. Auf unseren Pullovern und Shirts liest du Stichworte wie »Lebensfreude«, »Liebe« oder »Glück«. Denn unsere DNA sind die Freude, Leichtigkeit und Schönheit, die wir am Wasser und auch in den Bergen, also in der wundervollen Schöpfung, erleben dürfen. Dieses einzigartige Lebensgefühl in unseren Kollektionen festzuhalten, ist unser primäres Ziel. Wir wollen damit auch an tristen Tagen für eine Prise sonnige Strandatmosphäre sorgen. Damit haben wir den gleichen Antrieb wie Tina, die mit diesem Buch dazu einladen möchte, das Leben mit allem, was es uns zu bieten hat, zu umarmen. Adenauer&Co steht dafür, dass ich aus guter Kleidung gute Laune ziehen und Kraft schöpfen kann. Wir fragen uns immer wieder: Bin ich nur der Spielball der Umstände meines Lebens oder habe ich tatsächlich einen Anker, der mir Halt gibt? Ich persönlich ziehe ich viel Stabilität aus meinem Glauben und erlebe dabei immer wieder: Wenn ich Leben in Fülle habe, dann empfinde ich auch Lebensfreude, Mut, Leichtigkeit – und weniger Last.

Auf dass du mit diesem Buch einen neuen Zugang zum Feiern und Würdigen finden und damit viel Lebensfreude, Liebe und Glück erleben mögest. In diesem Sinne, voller Spannung und Freude, was vor uns liegt, wünsche ich dir viel Spaß beim Lesen und Leben!

Andreas Adenauer
(*1962) ist Gründer und Geschäftsführer von Adenauer&Co. Diese deutsche Bekleidungsmarke zelebriert eine große Liebe zur Heimat, also zu Meer und Bergen, und transportiert daher mit ihrer Kollektion auch viel Sinn für die Wellen, Berge und Täler des Lebens.

DIE ACHTERBAHNFAHRT NAMENS LEBEN

Die meisten von uns wünschen sich, dass das Leben geradlinig und gleichmäßig verläuft. Sollte ich dies im Bild darstellen, würde ich eine Linie zeichnen, die stetig ganz leicht aufwärts verläuft. Aber was ist so eine gerade Linie ohne Ausschläge nach oben oder unten? Aus medizinischer Sicht ganz einfach: kein Leben. Im Elektrokardiogramm (EKG) wäre das die Nulllinie und würde bedeuten, dass ich tot bin.

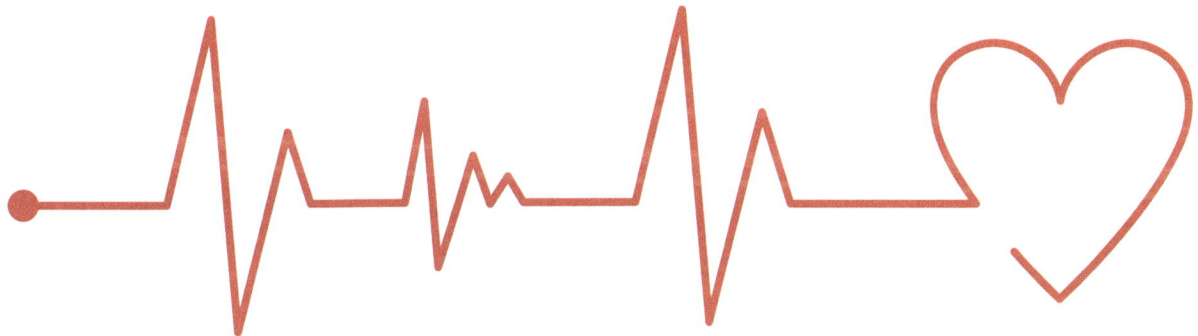

Leben – das schaut ganz anders aus. Es geht hoch und runter und hoch und runter, mal weiter hoch, mal tiefer nach unten. Da ist Bewegung drin. Das EKG wird im Deutschen auch Herzspannungskurve genannt, und ich finde, das passt recht gut zu meiner Wahrnehmung des Lebens: Es verläuft in Kurven, es herrschen Spannungen ohne Ende, und trotzdem lebe ich von Herzen gerne.

Diese Ausschläge machen doch das Leben aus, sie gehören dazu. Oben sind es die fröhlichen Feste wie Geburt, Schulabschluss, Hochzeit, Jubiläum, Promotion, Traumurlaub, Saunabesuch, und unten sind es die schweren Anlässe wie Trennung, Scheidung, Insolvenz, Arbeitslosigkeit, Kinderlosigkeit, die missglückte Prüfung, die verlorene Gesundheit und auch der Tod. Dazwischen geht es oft rasant zu.

Es passiert also unglaublich viel in diesem Leben: Dinge, die gut laufen, andere, die schlechter laufen – oder gar nicht. Menschen, die wir lieben, andere, die wir nicht mögen oder sogar hassen. Menschen, die bleiben, andere, die gehen oder aus unserem Leben gerissen werden. Arbeitsplätze und Ehrenämter, die Spaß machen und unserem Leben Sinn verleihen. Chefs, die uns fördern und befördern. Und andere, die uns nicht mehr brauchen oder haben wollen. Gesundheit und Energie. Krankheit und Verletzung. Glück und Unglück. Erfolg und Scheitern. Liebe und Liebeskummer. Anfang und Ende. Geburt und Sterben. Je mehr wir lernen, uns mit allem, was das Leben uns bietet, auseinanderzusetzen, je mehr wir diese Meilen- und manchmal auch Stolpersteine bewusst wahrnehmen, innehalten und feiern, desto dankbarer und glücklicher leben wir. Und gesünder ist es auch.

Ich hoffe, ich kann dich mit diesem Buch dazu inspirieren, jedes Lebensthema zu bedenken, denn jedes hat seinen Sinn. An allem können wir wachsen. Und wenn wir nichts mehr ändern können – eines können wir immer ändern: uns selbst und unsere Einstellung zu den Dingen, die uns widerfahren.

Man könnte meinen, ich hätte gut reden, schließlich bin ich einigermaßen gesund und darf einen Beruf ausüben, der mich erfüllt und mir wirtschaftliche Eigenständigkeit ermöglicht. Doch gerade in diesem Beruf erlebe ich vielfach mit, wie das Leben spielen kann. Als Freie Rednerin zu verschiedenen Anlässen begleite ich Menschen sowohl bei der Trauung oder Taufe als auch bei einer Beerdigung.

Viele der Gastbeiträge in diesem Buch stammen von Freunden und Bekannten, mit denen ich kämpfe und leide, staune und feiere. Ich bin froh, dass sie die Schatzkiste ihres Lebens für dieses Buch – also auch für dich – geöffnet haben und teilen, wie sie ihr Leben so erleben. Denn mein eigener Horizont ist naturgemäß begrenzt. So findest du Anregungen, Tipps, den Blick auf ausgewählte Feste anderer Religionen, Hintergrundinformationen, lustige und traurige Anekdoten und am Ende sogar ein paar praktische Tipps für die Ausrichtung einer Feier.

Leg gerne mit dem Kapitel los, das zu deiner aktuellen Lebenssituation passt, oder fang einfach neugierig vorne an und ende am Schluss. Vielleicht interessiert dich auch nur mein Lieblings-Brownie-Rezept, weil du so gerne backst wie ich. Egal, wie du es handhaben möchtest, wünsche ich dir, dass du viel Gutes entdeckst. Und in allem: dein wundervolles Leben.

»Nicht was du hast oder wer du bist oder wo du bist oder was du tust, macht dich glücklich oder unglücklich, sondern wie du dazu stehst.«

Dale Carnegie, 1888-1955, amerikanischer Autor und Persönlichkeitstrainer

Auf und ab.
Das Schöne sehen. Turbulenzen aushalten. Die Sonne genießen und dann wieder im Regen tanzen. Oder auch mal jammern. Hohes Tempo zelebrieren. Notbremsen ziehen. Perspektiven ändern. Mit dem Schlimmsten rechnen. Und mit dem Schönsten. Entscheidungen treffen. Wachsen. Gut für mich selbst sorgen. Alltägliches feiern. Glück finden.

Manchmal ist es auch nur eine Frage der Entscheidung

Was siehst du auf dem Blatt nebenan? Die meisten von euch werden sicher wie aus der Pistole geschossen antworten: »Einen schwarzen Punkt!« Ja, na klar, den Punkt sehen wir meist sofort. Was wir seltener oder zumindest weniger schnell entdecken, ist die weiße Fläche drum herum. Den freien Raum, der darauf wartet, entdeckt und gestaltet zu werden.

»Man sieht oft etwas hundertmal, tausendmal,
ehe man es zum allerersten Mal wirklich sieht.«

Christian Morgenstern, 1871-1914, Schriftsteller

Diese einfache Übung zeigt uns unser Bild vom Leben: Wir sehen oft das, was sofort ins Auge sticht – das Große, Klare, Auffällige, das, was sich durch Glanz oder Schmerz in unsere Aufmerksamkeit drängt. Das ist normal. Ich selbst nehme mir aber jeden Tag aufs Neue vor, das Drumherum genauso wahrzunehmen. Dafür brauchen wir oft Zeit und Muße. Und den entsprechenden Blick! Es ist ja viel einfacher, das Offensichtliche zu entdecken. Aber es gibt so viel mehr, das es zu bedenken gilt!

»Das Leben ist schön« ist eines meiner Lebensmottos. Ja, das es ist! Und immer wieder auch anstrengend, nervig, schwer oder schmerzhaft. Aber eben immer auch schön! Häufig können wir Schönes finden, wenn wir wollen. Und dabei kommt es sehr stark auf unsere Einstellung an. Die Frage ist nicht nur, was wir sehen – sondern was wir sehen wollen. Es ist unsere Entscheidung, wie wir auf das, was uns begegnet und passiert, reagieren. Das ist unsere Freiheit, die uns niemals verloren geht!

»Ich habe heute als LETZTE gewonnen.«

Hanna, *2016, als Reaktion auf ihr Ergebnis beim Wettlauf

Aus meinem Leben

Vor einigen Jahren war ich mit meiner besten Freundin Esther auf einem Roadtrip durch den Osten der USA unterwegs. Schon nach der ersten Nacht im Camper hatte Esther im Gegensatz zu mir zahlreiche juckende Stiche an ihrem Körper. Wir wunderten uns, da wir an denselben Orten gewesen waren und dasselbe Anti-Mücken-Spray nutzten. Mit jedem Tag hatte sie mehr Stiche. Am Ende zählten wir über 60. Irgendwann erinnerte ich mich an einen Bericht über Bettwanzen, den ich zufällig kurz vor unserer Abreise gesehen hatte – und leider war es genauso: Esthers Bett im Wohnmobil war massiv von Bettwanzen befallen.

Wir durften das Fahrzeug umtauschen, aber nicht ohne einen erheblichen Umweg in Kauf nehmen zu müssen. Außerdem waren da diese 60 juckenden Bisse. Ja, wir haben uns sehr geärgert. Und wie! »Unser schöner, lange geplanter Urlaub! Und dann so was! Schrecklich! Warum trifft das uns?« – das war so in etwa das Gedankenkarussell, in dem wir uns wiederfanden. In dem Moment, in dem uns das klar wurde, setzten wir bewusst Stoppschilder – und zwar mehrmals am Tag aufs Neue.

Wir waren fest entschlossen, dass diese Bettwanzen-Story nicht unseren Traumurlaub zunichtemachen würde. Das war eine dieser Entscheidungen, die extrem herausfordernd war, aber auch so wohltuend. Wenn wir heute an diese Reise denken, kommen uns die Bettwanzen so ziemlich als Letztes in den Sinn. Wir erzählen dann von traumhaften Stränden, wüsten Brandungen, toller Natur, zuckersüßen Städten, der fantastischen Freiheit des Wohnmobilreisens. Und ach ja, da war noch was – wie lustig! Heute lachen wir darüber. Solange ich lebe, kann ich etwas tun. Solange ich lebe, kann ich lernen. Solange ich lebe, kann ich verändern, vor allem mich selbst. Du auch.

»Nichts ändert sich. Bis man sich selbst ändert,
und plötzlich ändert sich alles.«

Unbekannt

Warum Rituale so wichtig sind

Ritual | [ritu'a:l] – »wiederholtes, immer gleichbleibendes, regelmäßiges Vorgehen nach einer festgelegten Ordnung« (Quelle: Duden)

Von Anfang an hatten Menschen das Bedürfnis, besondere Momente festzuhalten und zu zelebrieren. So haben sich im Laufe der Menschheitsgeschichte unzählige Rituale entwickelt, die genau diesen Sinn haben. Viele davon haben etwas mit Religion zu tun. Denn so lange es Menschen gibt, so lange glauben sie an irgendeine höhere Macht, die Sonne, Mond und Sterne lenkt. Und so lange wird diese Macht gefeiert.

Unsere Gesellschaft wird immer bunter, multikultureller und multireligiöser. Und so werden auch die Feste immer

weltumspannender. Bestimmt hörst du ab und zu Kirchenglocken läuten, und im Urlaub in einemферneren Land hast du vielleicht schon einmal einen Muezzin rufen hören oder alte Tempelanlagen besucht und ein Räucherstäbchen entzündet.

Viele dieser Rituale sind auch in meiner Nachbarschaft angekommen. Daher werde ich in diesem Buch an unterschiedlichen Stellen meinen deutsch-christlich-evangelisch-theologischen Blick weiten und auf die Religionen schauen, die mir in meinem Umfeld am häufigsten begegnen: katholische Christen, Muslime und Juden. Denn ich möchte meinen muslimischen Nachbarn gerne zum Zuckerfest gratulieren so wie sie mir zu Weihnachten. Und den jüdischen Jungen möchte ich zur Bar-Mizwa beglückwünschen so wie seine Familie mich damals zur Konfirmation. Dafür muss ich wissen, was andere feiern – und warum und wann.

Rituale finden sich jedoch nicht nur im religiösen Kontext wider, vielmehr sind sie einfach Teil des Alltags. Zwangsläufig folgen Menschen bestimmten Ritualen, denn unsere Erde dreht sich nicht irgendwie, sie folgt einem bestimmten Rhythmus. Daraus ergeben sich unsere Jahreszeiten und auch unser Tagesverlauf. Auch für Körper und Seele sind Rituale wichtig: Sie geben uns eine wohltuende Struktur, entlasten uns davon, jeden Tag alles wieder aufs Neue entscheiden zu müssen. Wichtig für uns Menschen sind laut dem Allgemeinmediziner Dr. Markus Baumgartner »regelmäßige Mahlzeiten, regelmäßiger und ausreichender Schlaf, wenn möglich nicht jede Nacht in einer anderen Stadt oder gar einem anderen Staat«. Das klingt kompliziert! Wie geht das für jemanden wie mich, der viel unterwegs ist, oft in Hotels schläft, dann wieder zu Hause, dann wieder wo auch immer? Ich lese weiter im höchst spannenden Buch vom Herrn Doktor und finde Hilfreiches: »Es ist auch wichtig (gerade wenn der berufliche Alltag wenig Regelmäßigkeit zulässt), sich selbst kleine Wohlfühloasen zu schaffen, sei es über Bewegung, Kreativität, Gespräche mit Freunden, was auch immer, es sollte nur regelmäßiger Teil Ihres Lebens sein.«

> »Vor allem die kleinen Alltagsrituale sind für uns so wertvoll. Rituale lassen uns zur Ruhe kommen, ordnen und trösten uns. Sie geben uns Kraft für den Alltag und unserem Leben Struktur.«
>
> Karin Dölla-Höhfeld, *1960, Coach,
> online zitiert aus MINDO-Magazin

Forscher suchen schon seit Jahrhunderten nach Strategien für Gesundheit und Wohlbefinden. Was macht Menschen gesünder und seltener krank? Man weiß heute, dass zu viel Stress uns Menschen ordentlich durcheinanderbringen, sogar krank machen kann. Viele von uns erleben das am eigenen Leib. Wie schaffen wir es also, mit all dem, was uns im Leben begegnet, was von uns gefordert wird und was wir selbst von uns fordern, gut umzugehen?

Wissenschaftler wie Dr. Tobias Esch (Mediziner und Gesundheitswissenschaftler) haben eine einfache erste Antwort darauf: »Mind matters most!« Soll heißen: Wie wir über Dinge denken, wie wir mit dem, was uns widerfährt, umgehen, macht einen elementaren Unterschied. Wenn wir uns dazu entscheiden, aktiv zu gestalten, zu betrauern oder zu zelebrieren, dann haben wir gute Chancen, Krisen nicht nur zu überstehen, sondern an ihnen zu wachsen und in Zukunft noch besser gewappnet zu sein, wenn mal wieder ein Sturm im Leben aufzieht.

»Die wahre Lebensweisheit besteht darin, im Alltäglichen das Wunderbare zu sehen.«

Pearl S. Buck, 1892-1973, amerikanische Schriftstellerin und Literaturnobelpreisträgerin

Aus meinem Leben

Seit ich die Doktoren Baumgartner und Esch kenne und mich immer mehr mit den Zusammenhängen von Achtsamkeit, Gesundheit und Wohlbefinden und mit dem Bedenken und Feiern der Meilensteine meines Lebens beschäftige, entdecke ich auch die kleinen Rituale meines Lebens, die mir unglaublich guttun. Und seit ich um deren enorme Bedeutung für mein Wohlbefinden weiß, schenke ich ihnen noch mehr Beachtung – zum Beispiel durch immer wiederkehrende Einträge in meinen heiligen Terminkalender. Ideen gefällig?

Sport: Eine halbe Stunde auf dem Crosstrainer, ein Yoga-Flow, einige Züge an meinem Gymnastikband oder eine große Runde draußen an der frischen Luft mit meinen Walking-Stöcken.

Kreativität: Einfach mal am E-Piano sitzen und singen. Am liebsten mit anderen. Oder einen Brief schreiben. Oder was malen. Oder eine neue Kette mit Glitzersteinchen basteln.

Genuss: Ich koche so gerne! Das Mittagessen in Ruhe zubereiten während eines Tages im Homeoffice – was für eine Entspannung.

> »Die einfachen Handlungen, die wir jeden Tag zu Hause ausführen, sind wichtiger für die Seele, als ihre Schlichtheit vermuten lässt.«
>
> Thomas Moore, 1779-1852, irischer Dichter

Essen: Fürs Essen nehme ich mir immer bewusster Zeit. Fürs Frühstück stehe ich sogar extra früher auf. Das Smartphone darf grundsätzlich nicht dabei sein. Beim Mittagessen mit Kollegen wird nicht über die Arbeit gesprochen, um den Kopf freizubekommen. Ein Abendessen mit Freunden wirkt vor allem in trubeligen Zeiten Wunder.

Mittagsschlaf: Als Freiberuflerin, die immer wieder und sehr gerne im Homeoffice arbeitet, liebe ich es, mich mittags für 15 Minuten hinzulegen. Ich habe die Gabe, tatsächlich 10-15 Minuten richtig zu schlafen, und dann von ganz allein wieder aufzuwachen. Ich bin dann auch topfit. Auch wenn ich in meinem Büro in der Stadt bin oder andernorts: Ich versuche immer, mich mittags für ein paar Minuten auszuruhen. Das tut mir einfach unglaublich gut!

Tagebuch: Ich mache das viel zu selten. Je besser es mir geht, desto seltener. Je mehr mich aufwühlt, desto mehr schreibe ich in mein kleines rosafarbenes Büchlein. Ich stelle Fragen, ringe um Lösungen oder wenigstens Strategien, mit Menschen und Situationen umzugehen. Irgendwann einmal bemerkte ich, dass ich stets nur auf die rechten Seiten schreibe, weil ich nicht mag, wenn der Stift durchs Blatt durchdrückt. Ich beschloss, die linken Seiten mit etwas Besonderem zu füllen: mit meiner Dankbarkeit. So stehen meinem Ringen und Klagen nun mein Glück und meine Freude gegenüber. Und das ist gut so, denn es weitet meine Perspektive, die durch das Drückende oft droht, sehr eng zu werden.

Morgengebet: Ich lebe in einer christlichen Gemeinschaft – also einer Art Kloster in der Stadt. Unser werktägliches Ritual zum Start in den Tag ist eine kleine Gebetsgemeinschaft um 6.45 Uhr. Wir reden nicht viel, sondern lesen einfach ein paar Sätze aus der Bibel. Manchmal verstehe ich diese paar Verse gar nicht, manchmal sprechen sie aber genau in eine Situation, in der ich gerade stecke. Und dann beten wir gemeinsam, eine nach der anderen. Meist sagen wir Danke: für das kuschelige Bett der Nacht, das Frühstück, unsere Arbeit, gute Veränderungen, die aufgehende Sonne draußen. Oft jammern wir aber auch: über die schlaflose Nacht, kräftezehrende Beziehungen, Krankheiten, ausbleibende Veränderungen und das schlechte Wetter draußen, obwohl wir heute Sonne gebraucht hätten. Immer legen wir den Tag zurück in Gottes Hände und versichern uns: Jede hat ihren Platz in der Welt, jede geht ihrem Auftrag nach, wir alle gehen an Gottes Hand.

In jeder Lebensphase und Lebenssituation haben wir die Möglichkeit, Gutes und Wohltuendes für uns zu gestalten, unseren Körper, unsere Seele und unseren Geist ernst zu nehmen und miteinander in Einklang zu bringen. Und sicher kennst oder verfolgst auch du schon die eine oder andere Strategie, um dich in Balance zu halten. Die Anregungen, die du in diesem Buch findest, werden dich sicher noch einen Schritt weiter auf diesem Weg begleiten. Ich möchte Liebe-voll leben und zu einem Leben voller Liebe anstiften. Und das ab dem Moment, in dem das Leben beginnt.

> »So muss man leben! Die kleinen Freuden aufpicken, bis das große Glück kommt. Und wenn es nicht kommt, dann hat man wenigstens die ›kleinen Glücke‹ gehabt.«

Theodor Fontane, 1819-1898, deutscher Schriftsteller

BUCHTIPPS:
»Dein Körper ist ein Spießer. Gesund werden. Gesund bleiben.« von Dr. Markus Baumgartner, Verlag teNeues, 2017.

»Der Selbstheilungscode. Die Neurobiologie von Gesundheit und Zufriedenheit« von Prof. Dr. med. Tobias Esch, Goldmann Verlag, 2018.

»Wer sagt, es gebe sieben Weltwunder, der hat noch nie die Geburt eines Kindes erlebt. Wer sagt, Reichtum sei alles, der hat nie ein Kind lächeln gesehen. Wer sagt, diese Welt sei nicht mehr zu retten, hat vergessen, dass Kinder Hoffnung bedeuten.«

Honoré de Balzac, 1799-1850, französischer Schriftsteller

Die Zeit der vielen ersten Male.
Das erste Ultraschallbild. Der erste Tritt im Mutterleib. Der erste Schrei. Der erste Zug an Mutters Brust. Das erste Fläschchen. Die erste volle Windel. Der erste Spaziergang an der frischen Luft. Das erste Lächeln. Das erste Fotoshooting. Die erste Drehung vom Bauch auf den Rücken. Die ersten selbst gekrabbelten Meter. Die ersten Schritte. Das erste Mal auf dem Töpfchen. Der erste Sommer ohne Windel. Und so weiter.

Herzlich willkommen!

Manchmal völlig überraschend, oft gewollt und geplant, manchmal gewollt, aber ungeplant, und immer mal auch gegen alle ärztlichen Prognosen: Wenn sich ein Kind ankündigt, kommt meist große Freude auf. Dann gilt es, noch einige Monate zu warten und sich mit Ultraschallbildern zufriedenzugeben. Immerhin: Wir sind heute in der glücklichen Lage, schon vor der Geburt Blicke aufs Kind werfen zu können – und was das oft für wundervolle 3-D-Bilder sind! Und dann, laut Lehrbuch nach 40 Wochen, oft früher, manchmal etwas später, schlüpft ein kleiner Mensch auf die Welt. Diesen Moment bezeichnen die meisten als »unbeschreiblich«, »So viel Liebe«, »So perfekt«, »Absolut unglaublich«, »Zu Tränen gerührt«. Jedes Mal ein Wunder.

> »Mit jedem Menschen ist
> etwas Neues in die Welt gesetzt,
> was es noch nicht gegeben hat,
> etwas Erstes und Einziges.«

Martin Buber, 1878-1965, jüdischer Religionsphilosoph

Wenn ein Kind geboren wird, ist das eigentlich immer ein sehr freudiges Ereignis und definitiv ein Grund zum Feiern! Selbst dann, wenn die Mama oder der Papa alleinerziehend sein werden und die familiären Umstände des Neuankömmlings vielleicht nicht so geordnet sind.

Tatsächlich feiern heute die meisten Eltern die Ankunft ihres Kindes in irgendeiner besonderen Form. Fand dieses Fest vor Jahren traditionell noch in der Kirche statt – mit der Taufe –, gibt es heute viele ganz individuelle Möglichkeiten. Überblick gefällig? Voilà:

TAUFE

Mit der Taufe wird ein Mensch – meist ein Säugling – in die christliche Gemeinschaft aufgenommen. Während eines Taufgottesdienstes gießt die Pfarrerin oder der Pfarrer einige Tropfen Wasser über den Kopf des Täuflings. Das trifft nicht immer auf die Zustimmung des kleinen Erdenbürgers. Das sind die leider seltenen Situationen, während denen in einer Kirche gelacht wird. Darum liebe ich Taufgottesdienste mit Babys! Sie machen oft irgendetwas Lustiges oder sind im Zweifelsfall einfach nur niedlich.

Dieses Ritual geht zurück auf die Taufe von Jesus Christus durch Johannes den Täufer, die in der Bibel geschildert wird. Die Taufe ist ein Sakrament (also etwas ganz Besonderes, Heiliges), das alle Christen – katholische und evangelische – miteinander verbindet.

Traditionell werden Kinder innerhalb der ersten Lebensmonate getauft, mittlerweile aber oft auch später. Während des Taufrituals werden die Kinder in der Regel auch ihren Patinnen oder Paten anvertraut. Diese sollen besondere Begleiter auf ihrem Lebensweg sein. Bei kirchlichen Taufen müssen die Paten in der Regel Kirchenmitglieder sein.

Viele Eltern lassen ihre Kinder allerdings gar nicht mehr taufen, weil sie möchten, dass sie einmal selbst entscheiden, wo und wie sie sich in Sachen Religion und Glauben verankern möchten

Gute Frage ...

Was ist ein Sakrament?

Laut Duden ist ein Sakrament eine »von Jesus Christus eingesetzte zeichenhafte Handlung, die in traditionellen Formen vollzogen wird und nach christlichem Glauben dem Menschen in sinnlich wahrnehmbarer Weise die Gnade Gottes übermittelt«.

Das klingt mystisch, ist es irgendwie auch. Ein Mysterium ist ein Geheimnis – und der christlich Glaube birgt schon per Definition viele Geheimnisse: Dinge, die wir erahnen, vielleicht sogar in irgendeiner Weise wahrnehmen und erleben, aber niemals in ihrer ganzen Tiefe verstehen oder gar beweisen können. Dazu passt der Ursprung des Wortes Sakrament: es kommt von dem kirchenlateinischen »sacramentum«, was so viel heißt wie »Heilszeichen«, »Heilsweg« und »Zeichen der verborgenen Heilswirklichkeit«.

Für mich als evangelisch geprägte Christin gehören zu den Sakramenten die Taufe, das Sündenbekenntnis, die Buße und das Abendmahl. Je nachdem, in welche theologische Richtung ich blicke, gehören noch andere Rituale dazu. Für katholische Christen sind die Sakramente kirchenrechtlich klar: Es sind Taufe, Firmung, Abendmahl bzw. die Eucharistie, Buße, Krankensalbung, Weihe und Ehe.

Gute Frage ...

Wie viele Taufen gibt's pro Jahr?

Katholisch: gut 160.000 pro Jahr in den vergangenen zehn Jahren

Evangelisch: rund 160.000 Kindertaufen und mehr als 16.000 Erwachsenentaufen pro Jahr in den vergangenen zehn Jahren

Weitere Informationen:
www.evangelisch.de oder www.katholisch.de

Aus meinem Leben

Meine lustigste Tauferfahrung liegt schon einige Jahre zurück. Hier in Oberbayern, wo ich lebe und arbeite, sind die meisten Familien sehr kirchlich geprägt. Rituale ohne die Kirche zu zelebrieren ist vielerorts ein absolutes No-Go. Als ein junges Paar auf mich zukam und fragte, ob ich ihre kleine Tochter frei taufen würde, war ich daher skeptisch. Für mich als Theologin ist die Taufe mehr als ein schöner Ritus: Sie ist ein heiliger Akt, zu dem ein tiefer Glaube gehört. Entsprechend habe ich dieses junge Ehepaar ausgequetscht. Und es wurde klar: Die beiden wollen das wirklich. Aber weil sie aus ihrer Kirche ausgetreten waren, brauchten sie eine Alternative – und wählten mich.

Die Taufe der kleinen Franziska sollte in einem Dorfgemeinschaftshaus stattfinden. Es war Mai, und so plünderte ich den Flieder in unserem Garten, um den Tisch, der als Altar dienen sollte, und das Dorfgemeinschaftshaus zu schmücken.

Als am Morgen der Tauffeier Franziskas Verwandtschaft eintrudelte, nahm mich quasi niemand zur Kenntnis. Ich spürte die tiefe Abneigung der kirchengeprägten und tiefgläubigen Angehörigen, die sich offensichtlich etwas anderes für ihr Enkelkind vorgestellt hatten. Die Eltern des Täuflings und ich ließen uns davon nicht beeindrucken. Wir zelebrierten eine wundervolle Tauffeier, mit Erzählungen über die Familie, Bildern von Franziskas ersten Monaten, einer Predigt über den Taufspruch, dem Anzünden einer Taufkerze, einer Erklärung, was wir hier taten, und mit der Taufhandlung: Ich segnete das kleine Mädchen in Gottes Namen und sprenkelte dabei mit meiner Hand einige Tropfen Wasser über ihren Kopf. Es war einfach nur schön!

Das fand letztlich auch die überaus skeptische Verwandtschaft. Als nach der Zeremonie die Großeltern und Urgroßeltern des Täuflings mit Tränen in den Augen vor mir standen und nur so etwas sagten wie »Mei, woar des scheeee!« (Hochdeutsch: »Mensch, war das schön!«), wusste ich: Eine Freie Taufe kann auch für tief in kirchlichen Traditionen verwurzelte Menschen eine sehr angemessene Zeremonie sein. Oder eine Alternative, die ich immer häufiger mitgestalten darf, unter dem Motto »Das eine tun und das andere nicht lassen«: Erst die kirchliche Taufe feiern und eine ganz persönliche Zeremonie anschließen. In Zeiten von Sammeltaufen – also Taufgottesdiensten, in denen vier oder mehr Kinder direkt nacheinander getauft werden – finde ich das eine sehr schöne Idee. Und für alle, für die Kirche und Glaube keine Option sind, gibt es richtig schöne Alternativen.

Übrigens: Solche wie mich findest du zum Beispiel unter www.rent-a-pastor.de.

PATENFEIER

Wenn eine Taufe nicht infrage kommt, du dein Kind aber mit einer Feier auf der Welt willkommen heißen und Paten anvertrauen möchtest, zelebriere doch eine Patenfeier. Gestalte – vielleicht mithilfe eines Freien Redners oder einer Freien Theologin – eine individuelle Zeremonie. Die Paten deines Kindes und auch Großeltern, Tanten, Onkel oder andere dir liebe Menschen können hier natürlich mitwirken. Das geht an jedem Ort und zu jeder Zeit und in jedem Alter. Ich habe zum Beispiel einmal eine Patenfeier für ein 12-jähriges Mädchen am Ufer der Isar in München zelebriert.

WILLKOMMENSFEST

Dieses findet meist recht früh nach der Geburt statt und kann genauso feierlich und zeremoniell wie eine Taufe oder Patenfeier gehalten sein – oder locker-flockig in deinem Wohnzimmer oder Garten. Bei diesen sogenannten »Freien Festen« kannst du machen, was du willst, wo du willst und mit dem du willst. Eine kleine Rede über die Familie und das Neugeborene, ein paar Worte und gute Wünsche von Verwandten und eine Kerze, die ihr feierlich entzündet – es kann sehr einfach und sehr schön sein. Dienstleister helfen bei der Umsetzung, oder ihr gestaltet und organisiert es einfach alles selbst.

Tipp

Idee: Lebenslicht

Ich werbe bei meinen Kunden immer dafür, dem Kind ein Lebenslicht mit auf dem Weg zu geben. Bei einer Taufe hieße dieses »Taufkerze«. Dem Kind ein wegweisendes Licht mit ins Leben zu geben halte ich für eine wundervolle Idee! Diese Kerze kannst du selbst gestalten oder von einer der zahlreichen Manufakturen online oder um die Ecke mit ganz persönlichen Merkmalen herstellen lassen. Es gibt mittlerweile für jeden Geschmack etwas Passendes. Während der Zeremonie wird das Licht dann zum Beispiel von den Paten oder Großeltern entzündet und ein kleiner passender Text mit guten Wünschen oder einem Segen verlesen, wie zum Beispiel dieser hier:

Das Lichtlein spricht

Wir geben dir diese Kerze mit auf den Weg.
Es ist nur eine Kerze und doch so viel mehr.

Denn indem wir sie heute hier anzünden, wird sie zu einem Zeichen, das dir etwas sagen will.

(Kerze wird entzündet – wenn nicht vorher schon geschehen)

Schau in das frohe Leuchten, es sagt dir:
An jedem Tag deines Lebens sollst du mindestens einen Grund zur Freude haben – eine Freude, die deine Augen zum Leuchten bringt.

Still brennt die Kerze. Sie flüstert auf diese Weise:
Mitten in aller Hektik, die dein Leben mit sich bringt, sollst du immer wieder zur Ruhe kommen. Du sollst Stille finden, um Kraft zu schöpfen.

Nach oben strebt das Licht und ruft dir auf diese Weise zu:
In dir steckt viel Kraft. Bleibe aufrecht und mutig! Lass dich nicht unterkriegen, selbst wenn du mal in Bedrängnis gerätst.

Feierlich ist das Licht der Kerze. Damit sagt es dir:
Dein Leben sei ein Fest! Genieße es, lache, sing ein Lied und freue dich des Lebens, denn es ist immer wieder wunderbar!

Das Licht dieser Kerze ist nicht grell, und doch bringt es einen leuchtenden Schein in die Dunkelheit. Damit sagt dir deine Kerze:
Wenn auch mal dunkle Stunden kommen, so sollst du wissen, dass es immer irgendwann wieder hell wird. Erkenne den Hoffnungsschimmer, der in jeder Traurigkeit verborgen ist.

Die Nähe der Flamme kannst du spüren, selbst dann, wenn du die Augen schließt und die Kerze nicht siehst. Und so wünscht sie dir:
Du sollst nie sagen müssen: »Ich bin ganz allein!« Wir alle möchten diese Menschen sein, die dir mit positiven Gefühlen, liebevollen Gedanken und unseren Gebeten immer nahe sind.

Das alles ruft dir deine Kerze zu. Zünde deine Kerze immer mal wieder an und dann lausche, was sie dir alles sagt!

Die Geburt feiern – jedes Jahr aufs Neue

Kindergeburtstage sind in den vergangenen Jahren immer spektakulärer geworden. Ein Schwimmbadbesuch war zu meiner Zeit in den 80er-Jahren ein absolutes Novum. Bei uns fand die Party in der Regel zu Hause statt mit Topfschlagen, Schnitzeljagd oder Bastelstunde und Würstchen mit Pommes.

Nun sind die ersten Geburtstage ja zumeist noch auf den Familienkreis beschränkt, da die Kleinen noch nicht allzu viel mit gleichaltrigen Spielkameraden anfangen können. Aber das ändert sich natürlich schnell, und so überschlagen sich die Eltern nahezu (und ich fürchte, viele stehen in einem brisanten Wettbewerb): Motto-Partys, ein Kochevent beim Szene-Italiener, die Hüpfburg und der Zauberkünstler im eigenen Garten. Es gibt nichts, was es nicht gibt.

Dabei ist eigentlich nur eines wichtig: Der Geburtstag sollte zum Kind und seinen Interessen passen. Und zum Geldbeutel der Eltern. Wichtig ist doch, dass das Leben des Kindes gefeiert wird – über das Wie und Wann und mit Wem sollte sehr ehrlich und persönlich entschieden werden. Und bitte, liebe Eltern: Macht euch frei vom Konkurrenzdruck! Für Kinder ist die Zeit, die ihr mit ihnen verbringt, doch meist das Wichtigste. Und der Lieblingskuchen natürlich.

Eine Regel, die ich bei meinen Patenkindern gelernt habe, finde ich hilfreich: Das Kind darf so viele Gäste einladen, wie es Jahre zählt. Die Vierjährige feiert also mit vier Freunden, die Siebenjährige mit entsprechend größerer Truppe. Auf diese Weise artet so eine Geburtstagsfeier nicht in puren Stress für alle Beteiligten aus.

Tipp

Idee: Einfache Kinderkuchen

Ein Kuchen gehört doch zum Geburtstag dazu, oder? Während die Ansprüche hier immer weiter wachsen und Konditoren ja auch wirklich individuelle und leckere Torten zaubern, geht es zu Hause eigentlich auch schnell und vor allem lecker.

Der schönste und kreativste Kinderkuchen lässt sich ganz leicht selbst herstellen. Dazu brauchst du nicht einmal Lebensmittelfarbe oder viel Zeit – es reichen ein schlichtes Rezept für einen Rührkuchen und eine runde Springform. Aus einem solchen runden Kuchen kannst du mit wenigen Handgriffen schöne Formen bauen, sodass der Kuchen etwas Besonderes wird. Zum Beispiel so:

Fisch: Einfach ein Tortenstück ausschneiden und an die andere Seite setzen – schon hast du, mit entsprechender Dekoration, einen Fisch mit Maul und Schwanzflosse.

Schmetterling: Teile den runden Kuchen in der Mitte, sodass du zwei halbrunde Hälften hast. Dann setz die runden Seiten aneinander, die geraden Seiten zeigen nach außen. In diese geraden Seiten kannst du nun mittig noch zwei Ecken schneiden – und schon hast du, mit entsprechender Dekoration, einen Schmetterling.

Regenbogen: Teile den runden Kuchen in der Mitte, sodass du zwei halbrunde Hälften hast. Diese halbrunden Hälften stellst du nun auf die Schnittkanten und dekorierst sie zum Beispiel mit bunten Schokolinsen, aufgeklebt auf Schokoguss in Regenbogenfarben.

Zebra-Kuchen: Rühre den Teig für Marmorkuchen an (also weißen und dunklen Rührteig). In einer runden Springform gibst du dann genau in die Mitte abwechselnd und immer aufeinander je einen großen Löffel weißen bzw. dunklen Teig, bis der Teig verbraucht ist. So verteilt sich der Teig bis zum Rand. Und wenn der Kuchen fertig ist und du ihn anschneidest, hast du ein witziges Zebramuster.

Einen Anlass zum Feiern findet man immer

BUCHTIPPS:
»Dein Baby zeigt dir den Weg (Mit Kindern wachsen)« von Magda Gerber, Arbor Verlag, 2007.

»Oje, ich wachse! Von den acht ›Sprüngen‹ in der mentalen Entwicklung Ihres Kindes während der ersten 14 Monate und wie Sie damit umgehen können« von Hetty van de Rijt und Frans X. Plooij, Goldmann Verlag, 1998.

Babypinkeln: Diesen Brauch gibt es vor allem im norddeutschen Raum. Familienangehörige, Freunde und Nachbarn kommen zusammen und stoßen aufs Baby an. Nach der Überlieferung soll dieser Umtrunk dem Neugeborenen das Pinkeln erleichtern. Tatsächlich ist es vermutlich einfach ein geselliger Brauch, der sich mittlerweile ausgebreitet hat und regional ganz unterschiedlich gefeiert wird.

Willkommen zu Hause: Die Zeit des Wochenbetts (ursprünglich 6 - 8 Wochen – heute bleiben die Frauen meist deutlich kürzer »im Bett«) kann auch gefeiert werden. Vielleicht mit einem schönen Willkommensbanner oder mit praktischen Hilfsangeboten. Das ist das schönste Geschenk für junge Eltern: Für sie einkaufen und kochen. Frag einfach nach, was gebraucht und gemocht wird – und du wirst nicht nur eine große Hilfe sein, sondern auch Freude bringen!

Die ersten Schritte: Da wir das Handy eh meist griffbereit haben, gelingt es heutzutage häufig, die ersten Schritte des kleinen Dreikäsehochs einzufangen. Was für eine schöne Erinnerung für Eltern und Kind! Das kann ich aus eigener Erfahrung bestätigen: Meine ersten Schritte gibt's auf Super-8-Filmband. Diesen Film habe ich anlässlich eines Familienfestes mal digitalisieren lassen und mit dem Lied »Hier kommt die Maus« unterlegt. Eine wundervolle Erinnerung und für mich sehr besonders. Denn die ersten Schritte einzufangen war damals noch nicht so leicht wie heute.

Sternenkinder – wenn die Geburt kein Erlebnis ungetrübter Freude ist

Manchmal liegen die richtig schönen und die brutal schrecklichen Ereignisse des Lebens sehr dicht beieinander. In den Kreißsälen der Kliniken zum Beispiel. Im einen Zimmer kuschelt sich ein Neugeborenes an seine Eltern. Nebenan betrachtet die Familie möglicherweise ein kleines Körbchen, in dem – liebevoll eingewickelt – ihr gerade verstorbenes oder tot geborenes Kind liegt. Zu den einen kommen meist schon wenige Stunden oder am Tag nach der Geburt Fotografen in die Klinik, um das strahlende Glück festzuhalten. Und zu den anderen …?

Vor einigen Jahren habe ich von der Aktion »Dein Sternenkind« erfahren. Da haben sich Fotografen zusammengeschlossen, die auf Abruf in Geburtskliniken eilen, um sterbenskranke oder bereits verstorbene oder tot geborene Babys zu fotografieren. »Wozu das?«, mag man sich fragen. Das Elend auch noch im Bild konservieren? Ja, das ist ein Elend, wenn sich Eltern auf ihr Kind freuen – und dann alles anders kommt. Und es ist ein Segen, wenn sie in solchen Situationen nicht allein sind. Die Fotografen von »Dein Sternenkind« geben den Familien eine langfristig heilsame Erinnerung an ihr Kind mit. Denn egal, ob es mit 420 oder mit 2100 Gramm und vielleicht mit schweren Fehlbildungen geboren wurde – es ist und bleibt ein Kind. Ihr Kind. Es war da, und es gehört zu ihrem Leben. Diese Bilder zeugen ein Leben lang davon – und das ist gut so. Das tut gut.

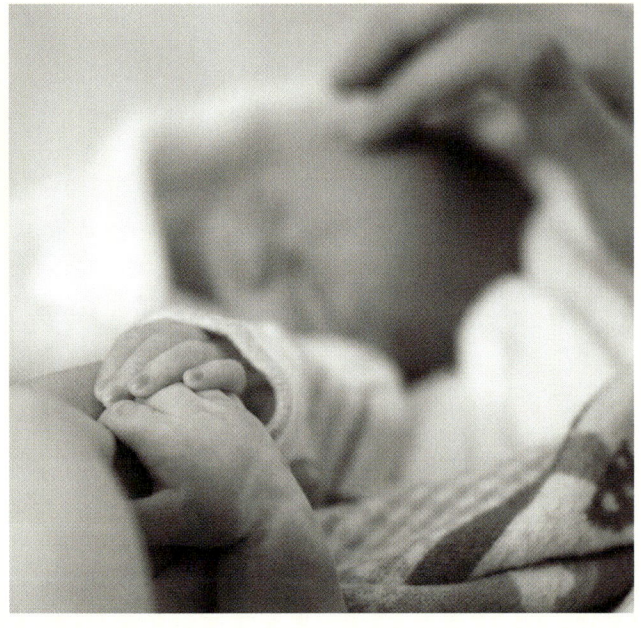

Wann immer verwaiste Eltern dann Sätze hören wie »Das war doch noch gar nicht fertig mit seinen 420 Gramm« oder »Ist doch gut, dass ihr dieses Leid nicht tragen braucht«, können sie ein Bild zeigen und präsentieren, wie »fertig« und wunderschön ihr Kind war, und wie wundervoll es ist, dass es da war – wenn auch nur kurz. In den Herzen der Eltern ist ein Kind meist ab dem Moment perfekt und vor allem geliebt, in dem sie wissen, dass sie es empfangen haben.

Und so ein Foto ist auch eine Hilfe zu begreifen, was passiert ist. Denn der Fotograf – und Gott sei Dank mittlerweile auch viele Mitarbeitende in Kliniken – nimmt sich Zeit. Das Kind wird liebevoll aufgebahrt, und die Eltern entscheiden, wann sie bereit sind, es für immer gehen zu lassen. Diese Stunden, manchmal auch Tage, sind für den Trauerprozess essenziell wichtig. Die Fotos erinnern an diese Zeit, an das, was war, wer war, wie es war. Sie helfen zu begreifen und zu verarbeiten. Und das ist gut so.

> »Wir fotografieren nicht den Tod, wir fotografieren sehnlichst erwartetes Leben.«
>
> Birgit Walther-Lüers, Fotografin
> (Abdruck mit freundlicher Genehmigung von dein-Sternenkind.eu)

Idee: Falls du ein Paar kennst, das ein Baby erwartet, und es ist davon auszugehen, dass es tot geboren wird oder nach der Geburt nicht lange leben wird – hier findest du die genannte Aktion. Die Fotografen arbeiten komplett kostenfrei und kommen flexibel auf Abruf.
www.dein-sternenkind.eu

Idee: Wie kann ich umgehen mit Menschen, die trauern? Check gerne die zwei Rubriken »Was Trauernden wirklich hilft« auf den Seiten 96 und 146

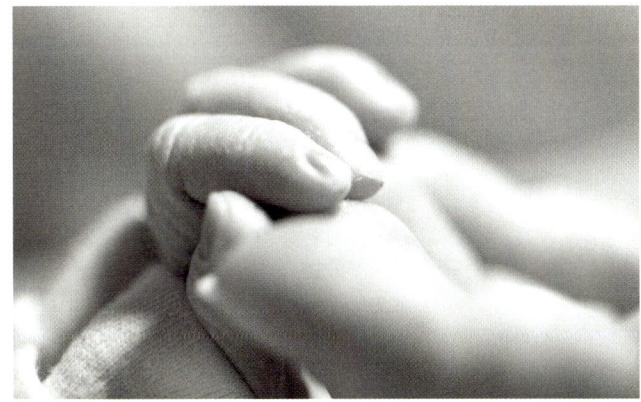
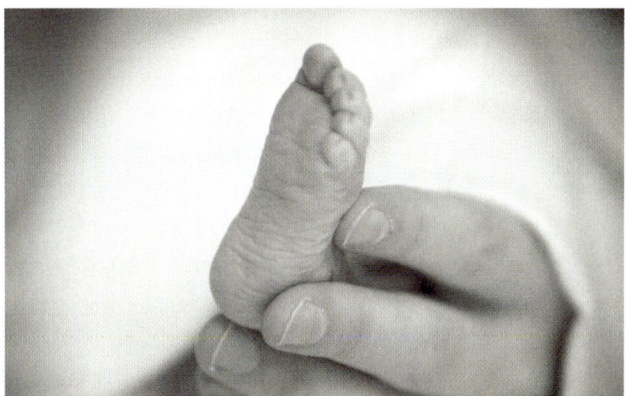

Aus der Erfahrungsschatzkiste

Fotograf Oliver Wendlandt über einen Einsatz, der mehr als andere an die emotionale Substanz ging
Der Alarm kam für Regensburg – 16 Uhr Nottaufe, die Eltern wollen Bilder.

Also flugs ins Auto gehüpft und sehr zügig in die Klinik in Regensburg gefahren. Die Zeit war knapp, um die Taufe noch dokumentieren zu können. Einen Stau musste ich auch umfahren.

15 Minuten vor der Taufe erreichte ich die Klinik und ging schnurstracks zur Kinderintensivstation, wo mich die Schwester, die uns gerufen hatte, schon erwartete. Im Raum zwei Häuflein Elend: die Eltern.

Beim kurzen Gespräch wurde das ganze Ausmaß des persönlichen Dramas offenbar: Das kleine Mädchen wurde in der 25. Schwangerschaftswoche geboren, es war zu wenig Fruchtwasser vorhanden, und das Kind war unterversorgt. Auf der Intensivstation wurde sie über Tage gepäppelt, alles sah gut aus. Das Kind nahm zu, wuchs, die Hoffnung der Eltern war groß. Dann kam es zu einer Infektion des Darmes, die von den Ärzten trotz aller Versuche nicht in den Griff zu bekommen war. Man könne nichts mehr für die Kleine tun, war die Aussage der Ärzte.

So entschieden sich die Eltern, das kleine Mädchen taufen zu lassen und dann die lebenserhaltenden Systeme abzuschalten.

Ich begann, bevor der Pfarrer kommen sollte, einige Bilder des Mädchens im Brutkasten zu machen – die Scheiben haben das erschwert, aber nicht unmöglich gemacht. Wenige Minuten danach kam der Pfarrer. Die Taufe war würdevoll, ich habe sie für die Eltern gefilmt.

Nachdem der Pfarrer sich verabschiedet hatte, wurden dem Mädchen Schmerzmittel verabreicht und der Brutkasten samt Infusionsturm in ein anderes Zimmer gebracht, in das natürlich die Eltern der Kleinen, aber auch einige Schwestern, eine Seelsorgerin und ein Arzt mitkamen. Das Mädchen wurde vorsichtig herausgenommen und nach und nach wurden alle Schläuche abgeklemmt, lediglich das EKG lief weiter. Als ich anfing zu fotografieren (die Mutter hatte das Kind auf dem Arm), öffnete die Kleine die Augen und griff immer wieder mit den winzigen Händchen nach dem Daumen der Mutter und dem Finger des Vaters. Das war irgendwie surreal, anders kann ich das nicht beschreiben. Nach etwa 10 Minuten schloss das kleine Mädchen seine Augen für immer.

Das war das zweite Kind, das ich bisher beim Sterben begleitet habe, alle anderen waren schon tot. Dadurch, dass die Kleine die Augen offen hatte und sich bewegt hat, war das aber ungleich intensiver als alles, was ich in diesem Bereich bisher erlebt habe.

Die Bilder und der Film, die ich von ihr machen durfte, bedeuten neben den Erinnerungsstücken unglaublich viel für die Eltern. Sie sind sichtbarer Beweis dafür, dass das Kind da war, dass sie für kurze Zeit eine Familie waren. Sie helfen, die Kleine nicht zu vergessen. Erinnerungen verblassen – diese Fotos holen sie zurück, wenn man das Bedürfnis danach hat. Nicht nur visuelle Erinnerungen, sondern auch zum Beispiel Gerüche, Berührungen, Emotionen. Es war mir eine große Ehre, die kleine Mia zu den Sternen zu begleiten.

Oliver Wendlandt *(*1966) ist Fotograf und Filmemacher. Der Vater von drei erwachsenen Kindern engagiert sich ehrenamtlich als Fotograf und als Pressesprecher bei »Dein Sternenkind«. Er lebt mit seiner Frau in Pfatter in der Oberpfalz. Dort betreiben sie eine Medienagentur.*

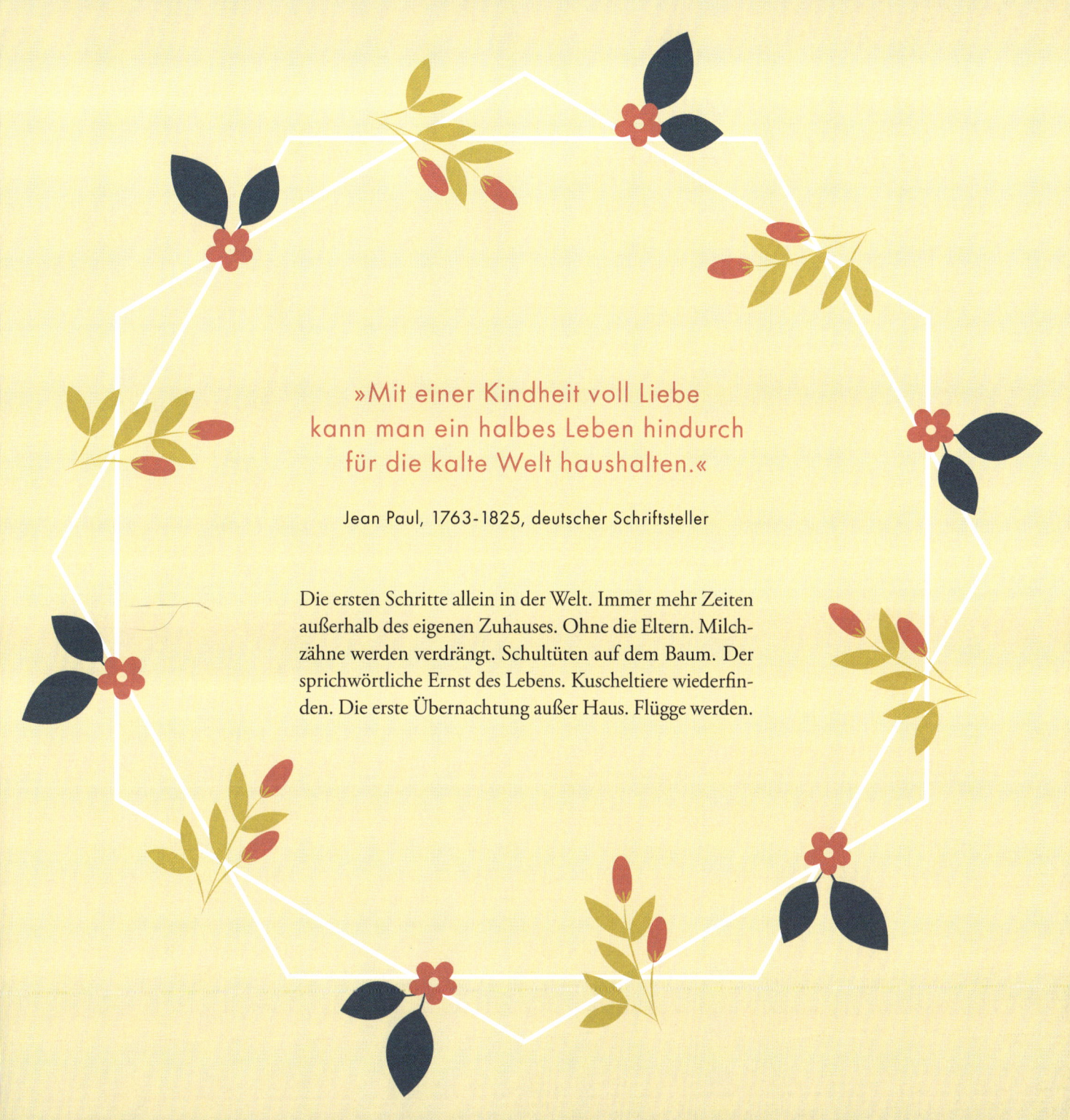

»Mit einer Kindheit voll Liebe
kann man ein halbes Leben hindurch
für die kalte Welt haushalten.«

Jean Paul, 1763-1825, deutscher Schriftsteller

Die ersten Schritte allein in der Welt. Immer mehr Zeiten außerhalb des eigenen Zuhauses. Ohne die Eltern. Milchzähne werden verdrängt. Schultüten auf dem Baum. Der sprichwörtliche Ernst des Lebens. Kuscheltiere wiederfinden. Die erste Übernachtung außer Haus. Flügge werden.

Ein weinendes und ein lachendes Auge

Diese Kleinen werden so unfassbar schnell groß, oder? Wenn beide Eltern berufstätig sind, gehen die Kinder schon recht früh in eine Kindertagesstätte oder etwas später im Alter von rund drei Jahren in den Kindergarten.

Von befreundeten Müttern und auch von Kundinnen weiß ich: Egal, wie sie es machen, es scheint immer falsch zu sein. Die Mütter, die jahrelang für ihre Kinder zu Hause bleiben, müssen sich dafür verantworten und sich Kommentare gefallen lassen wie: »Verkommst du jetzt zur Hausfrau und Mutti oder was?!« Diejenigen, die ihre Kinder früh in die Fremdbetreuung geben, machen es offensichtlich auch falsch: »Wie kannst du dein Kind nur allein lassen?!« Wissenschaftliche Argumente für das Für und Wider von frühkindlicher Fremdbetreuung oder die Vorteile einer Kindertagesstätte gibt es ausreichend.

> »Die Frauen haben sich entwickelt in den letzten Jahren. Sie stehen nicht mehr zufrieden am Herd, waschen Wäsche und passen aufs Kind auf. Männer müssen das akzeptieren.«
>
> wird Lothar Matthäus zugeschrieben, *1961, ehemaliger Profi-Fußballer

Doch egal, wie man es für sich selbst und die eigene Familie entscheidet: Es kommt ganz sicher irgendwann der Zeitpunkt, ab dem dein Kind von anderen betreut werden wird. Das ist immer ein großer Schritt, für die Eltern und das Kind. Plötzlich ist da jemand anders, der deinem Kind aufhilft, wenn es hingefallen ist, und ihm die Tränchen von den Wangen wischt. Da muss man als Eltern sehr schnell Vertrauen fassen, was oft gar nicht so einfach ist. Du musst dich dann schlicht darauf verlassen, dass die Tagesmutter oder die Erzieher in der Kita für dein Kind ja auch nur das Beste wollen.

Von meinen Eltern weiß ich, dass sie kaum Bücher gelesen haben, was Kindern guttut und wie man sie erziehen sollte. Sie haben das allermeiste schlicht intuitiv getan und gelassen. Meine Eltern waren für mich da, wenn ich sie brauchte, es gab mindestens eine gemeinsame Mahlzeit am Tag und viele gemeinsame Unternehmungen. Neben Spaziergängen und Spieleabenden auch größere Ausflüge. Meine Mutter war Hausfrau, bis ich in die Schule ging. Ab dann ging sie arbeiten, während wir Kinder in der Schule lernten. Wenn wir zu Hause blieben, waren es Mama oder Papa in der Regel auch. Ein Privileg, das es so heute nicht oft gibt. Ob das tragisch ist? Ich glaube nicht. Die Hauptsache scheint mir doch, dass Kinder geliebt werden und dass ihnen Ohren und Herzen und Zeit geschenkt werden. Und dass wir gemeinsam viel lachen!

Und das am besten auch auf dem Weg zum ersten Tag im Kindergarten. Denn dieser will schließlich gefeiert werden! Vielleicht hat die Oma pünktlich zum ersten Tag einen Kindergartenrucksack gekauft, und Mama, Papa und Kind packen den Rucksack morgens, bevor sie sich gemeinsam auf den Weg machen. Als Mutter schenkst du dir vielleicht zur Feier dieses Tages endlich mal wieder ein paar Stunden Zeit für dich – eine Massage, eine gemütliche Tasse Kaffee im Lieblings-Café oder ungestörte Stunden im Homeoffice. Und um den Tag auch für die Kleinen besonders zu gestalten, gibt's abends das Lieblingsessen und viel Zeit zum Erzählen. Denn dein Kind wird viel erlebt und entdeckt haben.

> »Kinder lachen 400-mal am Tag, Erwachsene zwölfmal und Tote gar nicht. Sogar der Laie erkennt da eine Tendenz.«
>
> gehört bei Dr. Eckart von Hirschhausen, *1967, Arzt, Kabarettist und Schriftsteller, in einer seiner Liveshows.

Tipp

Was ich an Kindern am meisten mag, ist ihr Humor. Über nichts lache ich herzhafter als über das, was Kinder so von sich geben.
Das möchte ich mir zum Vorbild nehmen und Dinge mit viel mehr Humor betrachten!

Kindermund:

»Meine Mama kauft immer die dreckigen Nudeln, weil die gesünder sind.«
(Alina, 6 Jahre, über Vollkornnudeln)

»Ich mag kein kompliziertes Essen.«
(Jonas, 3 Jahre, beim Mandarineschälen)

»Warum habt ihr keine Kinder?«
(fragt die 5-jährige Lina ihre Großeltern beim Abendessen)

»Aber Papa, wenn früher das Telefon mit dem Kabel an der Wand verbunden war, wie habt ihr denn im Garten ein Foto geschossen?«
(fragt sich der 6-jährige Luis)

»Das doofe Flugzeug hat den ganzen Himmel verkratzt!«
(Lena, 4 Jahre, über Kondensstreifen am Horizont)

Die Schnullerfee kommt zu Besuch

Kaum ein Kind muss heute auf einen Schnuller – in der Fachsprache »Beruhigungssauger« – verzichten. Diese kleinen Stöpsel im Mund helfen den Kleinen, mit dem natürlichen Saugreflex zur Ruhe zu kommen und auch den juckenden und schmerzenden Kiefer auszuhalten, wenn die Zähne durchdrücken wollen.

Irgendwann ist es – zumindest aus kieferorthopädischer Sicht – wichtig, dass kleine Kinder ihren Schnuller nicht mehr benutzen. Das heißt, sie müssen ihn abgeben. Nun wissen wir alle: Einem Kind etwas Wichtiges und Liebgewordenes wegzunehmen funktioniert selten ganz einfach. Also braucht es Strategien. Oder ein hilfreiches Ritual. Und genauso eines ist die Geschichte mit der Schnullerfee: Sie holt zu einem mit dem Kind verabredeten Zeitpunkt den Schnuller einfach ab. Zur Belohnung – oder als Entschädigung?! – bekommt das Kind ein kleines Geschenk.

Meist gibt das Kind den Schnuller abends ab. Über Nacht sammelt ihn die Fee dann ein und lässt etwas anderes da. Kinder stellen oft viele Fragen, also denk dir besser eine gute Geschichte rund um die Schnullerfee aus, damit du gewappnet bist. Wichtig ist, dass du dein Kind aufs Abgeben des Schnullers vorbereitest. Die Geschichte der Schnullerfee kann dabei helfen. Und dann lege mit deinem Kind gemeinsam fest, wann sie kommen darf. Ihr könntet sie ja zum Beispiel auch per Brief (also ein vom Kind gemaltes Bild) einladen. Am ausgewählten Tag legt ihr dann alle Schnuller feierlich an einen bestimmten Ort, zum Beispiel auf die Fensterbank. Am nächsten Morgen müssen sie auch tatsächlich weg, also abgeholt, sein und das Geschenk der Schnullerfee bereitliegen. Genauso wie ein paar Taschentücher, denn in der Regel verläuft der Tausch nicht ganz ohne Tränen....

> In Dänemark gibt schon lange die Tradition von Schnullerbäumen. Kinder verabschieden sich von ihrem Schnuller und hängen ihn an einen Baum. Das ermöglicht einen wunderbar positiven Abschied und hat den Vorteil, dass sie ihr lieb gewordenes Teil immer mal wieder besuchen können. Dieser Brauch wird in Deutschland mehr und mehr übernommen, sogar Städte und Kommunen weisen in Parks einige Bäume als Schnullerbäume aus und veranstalten sogar Schnullerfeste mit Programm.

Ein Kind, das wir ermutigen, lernt Selbstvertrauen.
Ein Kind, dem wir mit Toleranz begegnen, lernt Offenheit.
Ein Kind, das Aufrichtigkeit erlebt, lernt Achtung.
Ein Kind, dem wir Zuneigung schenken, lernt Freundschaft.
Ein Kind, das geliebt und umarmt wird, lernt selbst zu lieben.

(Quelle unbekannt)

Von Ameisen und Zahnfeen

Ich erinnere mich noch gut an dieses kleine Holzkästchen, das ich irgendwann einmal eher zufällig in einem Badezimmerschrank fand – und wie ich mich erschreckte beim Anblick dessen, was darin lag: Zähne. Teilweise mit getrocknetem Blut dran. Igitt!

Bei uns gab es keine Zahnfee, aber unsere Milchzähne wurden ganz offensichtlich gesammelt. Meine kleine, gut gefüllte Holzdose steht nach Aussage meiner Mutter immer noch in ihrem Setzkasten.

Tatsächlich ist die Zahnfee eine Fabelfigur, die ihren Ursprung wohl in der amerikanischen Geschichte hat. Wobei Forscher heute davon ausgehen, dass sie noch viel früher geboren wurde: nämlich im Mittelalter. Damals herrschte der Aberglaube, dass ausgefallene Haare und Zähne vergraben oder verbrannt werden müssten, damit böse Hexen sie nicht finden und missbrauchen könnten; die Angst, verhext zu werden, war damals wohl sehr groß. Mit Beginn des 20. Jahrhunderts änderte sich das Image der Zahnfee: Sie wurde zur guten Fee, die für jeden ausgefallenen Zahn etwas Wertvolles brachte. Unter dem Titel »The Tooth Fairy« (dt. »Das Zahn-Märchen«) erschien schließlich auch ein Buch, das ziemlich bekannt wurde. Seitdem legen Eltern auf der ganzen Welt ihren Kindern für jeden ausgefallenen Zahn etwas unters Kopfkissen, um diesen Wachstumsschritt zu feiern und dem Kind zu zeigen: Indem du verlierst, gewinnst du. Waren es anfänglich 10-Cent-Münzen, so sind es heute eher 5-Euro-Scheine. Was die Zahnfee sonst noch bringen könnte? Hier ein paar Ideen:

- Eine schöne Dose für die Sammlung der Milchzähne. Diese kann man auch ungestaltet schenken und dann gleich wertvolle Zeit mit dem Sprössling verbringen, in der man diese Dose gemeinsam bemalt oder beklebt.
- Eine schöne Zahnbürste.
- Ein Buch zum Thema Zähne und Zähneputzen.
- Eine Sanduhr, die anzeigt, wie lange die Zähne eigentlich geputzt werden sollten.
- Abwaschbare Tattoos – die lassen Kinderaugen immer aufleuchten!

In anderen Ländern kommt übrigens nicht die Zahnfee, sondern...

In Polen pflanzen die Kinder ihre ausgefallenen Zähne im Garten ein, damit sie gut weiterwachsen können.

In der Schweiz kommt keine Fee, sondern eine kleine Ameise, um die Zähne abzuholen.

In Japan werden die Zähne des Unterkiefers vom Balkon geworfen, die des Oberkiefers landen auf dem Dach des Hauses; das soll Glück bringen.

Neben den vielen ganz selbstverständlichen Meilensteinen im Kinderleben gibt es noch so vieles anderes, das du feiern kannst. Den ersten, zweiten oder sechsten vollendeten Lebensmonat, den Moment, wenn der von der Oma gestrickte Strampler endlich passt – oder eben den ersten Meter.

Aus der Erfahrungsschatzkiste

Maltes Meterfest

Dampfender Grießbrei stand in einem Suppenteller auf dem Tisch. Er hatte ein Gesicht aus Mandarinenstückchen. Ich tauchte den bunten Kinderlöffel in den Grießbrei und steuerte ihn, untermalt mit von mir produzierten Flugzeuggeräuschen, auf den kleinen Mund zu. Der Mund gehörte einem sehr kleinen, blonden Jungen, der mir gegenüber auf der Küchenbank saß: mein vierjähriger Sohn Malte. Zwei dicke Kissen auf der Küchenbank sorgten dafür, dass er in der richtigen Höhe am Tisch saß. Mit den ersten drei Löffeln hatte ich Erfolg: Das Lieblingsessen konnte die Gunst des kleinen Jungen gewinnen. Ab Löffel Nummer vier wurde es mühsam und meine Fähigkeit, Flugzeuggeräusche zu imitieren, Begleitgeschichten zu erzählen und Loopings zu veranstalten wurde herausgefordert. Ungefähr so lief jede Mahlzeit ab. Jahrelang.

Malte war immer der kleinste und man konnte ihm »durch die Rippen pusten«, wie man bei uns im Ruhrgebiet sagt. Da mein Sohn in den ersten Lebensjahren immer deutlich unter der Kurve lag, die anzeigt, wie Größe und Gewicht von Kleinkindern sich entwickeln sollte, war jeder Gang zu den Vorsorgeuntersuchungen ein bisschen aufregend. Jedes Mal wurde ich etwas argwöhnisch befragt, was ich dem Kind denn zu essen geben würde. Mir passte diese ganze Panikmache nicht, und ich blieb dabei, dem kleinen Jungen mit lustig dekorierten Tellern, Geschichten und ohne Zwang Mahlzeiten zuzubereiten.

Und dann kam der große Tag, als er auf der Messlatte im Kinderzimmer endlich die 1-Meter-Marke erreicht hatte. Es gab keinen Zweifel, ein Fest musste her! Wir feierten das Meterfest. Alle, die beim Füttern geholfen hatten, wurden eingeladen: Oma, Opa, Tanten, der Onkel und die Tagesmutter. Ich backte mehrere Kastenkuchen, stellte sie hintereinander auf ein Brett und verwandelte sie durch einen Schokoladenguss in einen ein

Tipp

Noch mehr Ideen fürs Feiern erster Male:

Der erste Blumenstrauß:
Wenn die Zweijährige durch die Wiesen schlendert und dann mit einer Handvoll Blumen vor der Mama steht.

Der Ferienbeginn:
Egal, ob im Kindergarten oder in der Schule – der Ferienbeginn sollte zelebriert werden! Meist beginnt mit diesem Tag ja für ein paar Tage oder Wochen eine ganz andere Zeit.

Das erste Mal mit Papa im Stadion:
Auf den Schultern vom Papa durch die Menschenmenge getragen werden und dann hoch oben auf dem Rang gemeinsam die Lieblingsmannschaft anfeuern.

Die erste 6:
Bei manch einer Familie wird die erste richtige 6 in einer Klassenarbeit in der Schule gefeiert. Das hilft gegen den Erfolgsdruck – es nimmt dem möglichen Scheitern, vor dem wohl jedes Kind Angst hat, die Last. Also rufe deinem Kind vor einer Klassenarbeit doch einfach mal so was hinterher wie: »Denk dran, die erste 6 wird gefeiert!« Und schon werden die Schultern leichter.

Meter langen Kuchen. Mit weißer Schokolade malte ich noch eine Messlatte drauf. In einem Handarbeitsgeschäft erstand ich jede Menge ein Meter lange Maßbänder, die ich zur Dekoration des Festes in der ganzen Wohnung von der Decke hängen ließ. Es war ein lustiger Nachmittag und ein Fest der Dankbarkeit. Bis heute freue ich mich, dass mich die sorgenvollen Gesichter der Kinderärzte nicht aus der Ruhe gebracht haben und ich meinen Sohn mit Gottvertrauen großziehen konnte.

Meilensteine feiern – ich bin überzeugt davon, dass solche Feste wichtig sind. Wir schauen dankbar auf die Vergangenheit und zuversichtlich in die Zukunft. Glauben hilft beim Leben gestalten. Zwanzig Jahre später schaue ich heute in ein fröhliches, bärtiges Gesicht. Der dünne, kleine Junge ist ein erwachsener Mann geworden: sportlich, engagiert, lebenslustig und mit einer Leidenschaft für gutes Essen.

*Gerlint Frisch, *1968, lebt in Essen, dem Herzen des Ruhrgebiets. Als Krankenschwester und Bachelor of Arts für Gesundheitsmanagement arbeitet sie im Vertrieb von Medizinprodukten und engagiert sich für die Fortbildung von Pflegepersonal. Sie ist Mitarbeiterin in einer vollständig ehrenamtlich agierenden Gemeinde, dem CVJM e/motion.*

Plötzlich ein Leben nach Stundenplan

Da deine Einschulung – ähnlich wie meine – sicher auch schon ein paar Jahre zurückliegt und nicht jeder Kinder im Umfeld hat, deren Einschulung er oder sie schon begleiten konnte, bin ich froh, dass meine Schwägerin Caro, Grundschullehrerin aus Leidenschaft, hier ihre Erfahrungsschatzkiste zum Thema Einschulung für uns öffnet.

Aus der Erfahrungsschatzkiste

Wenn der Ernst des Lebens beginnt

Für Kinder ist der Tag der Einschulung ein großer Schritt auf ihrem Lebensweg. Die Gefühle sind in der Zeit davor oft ambivalent. Auf der einen Seite freuen sie sich riesig auf die Schule mit allem, was kommt, vor allem wenn sie schon »große Schulkinder« kennen.

Auf der anderen Seite ist da natürlich auch die Angst vor dem Unbekannten, vor den vielen neuen Menschen, die ihnen da begegnen. »Werden sie mich mögen?«, »Sind die auch lieb zu mir?«, »Werde ich neue Freunde finden?« sind dabei wichtige Fragen, auf die die Kinder vor der Einschulung noch keine eindeutige Antwort erfahren können. Die zukünftigen Grundschüler sind nahezu von einem Tag auf den anderen nicht mehr relativ selbstbestimmte Kindergartenkinder, sondern »die Großen«, die sich im engeren Regelrahmen der Schule einfinden müssen. Gleichzeitig werden die Kleinen aber auch selbstständiger sein und sich noch einmal ganz anders in ihrer Selbstwirksamkeit wahrnehmen.

Die Einschulung: Für die Heranwachsenden ganz sicher ein wesentlicher Meilenstein auf ihrem Lebensweg, dem sie mit unterschiedlichen Gefühlen und Erfahrungen begegnen. Diesen Meilenstein gilt es positiv zu gestalten, damit Vorfreude geschürt und Kräfte gebündelt werden können.

Nichts eignet sich besser als eine Feier, bei der die Kinder nochmals besonders im Mittelpunkt stehen und Wertschätzung erfahren, damit sie das Kommende nicht als großes, dunkles Monster, sondern als etwas Gutes erfahren. Am Einschulungstag – und an den meisten Orten besonders im Einschulungsgottesdienst – soll Raum für all diese Gefühle sein. Ich als Lehrerin finde es wichtig, den Kindern nicht nur in ihrer Vorfreude und Neugierde zu begegnen, sondern auch in ihrer Angst und Skepsis. All diese Emotionen können die Kleinen meist noch gar nicht formulieren. Eine gute Feier greift für mich diese Gefühle auf.

Gleich zu Beginn des Gottesdienstes zeigt sich das bei uns daran, dass die Pfarrerin die Kinder – ausnahmsweise, wie betont wird – auf den Kirchenbänken stehen und sich im Applaus der Gottesdienstbesucher sonnen lässt. Auch während des Gottesdienstes werden die zukünftigen Grundschüler immer wieder zum Aufstehen und Mitmachen animiert. Sie dürfen sich als Mittelpunkt des Gottesdienstes begreifen.

Aber nicht nur die Kinder erleben diesen Tag als einen besonderen. Auch für die Eltern und Angehörigen ist er nochmals eine besondere Zäsur im Leben. Ihre Kinder werden vor neue Herausforderungen gestellt, und sie selbst müssen sie wieder ein Stück mehr aus ihrer Obhut entlassen. »Habe ich meinem Kind alles mitgegeben, was es für die Schule braucht?«, »Hat mein Kind alle nötigen Ressourcen, um den Schulalltag zu meistern?« sind Fragen, die Eltern bewegen. Aus diesen Gründen ist es mir wichtig, auch die Mamas, Papas und Verwandten im Blick zu haben.

Auch die zukünftigen Lehrer der ersten Klassen erleben die Einschulung übrigens als etwas Besonderes. Schon in den Sommerferien sind wir in unseren jeweiligen Klassenzimmern zu finden, in denen wir den Raum möglichst nach den Bedürfnissen der Schüler einrichten, um ihnen einen sanften Übergang vom Kindergarten in die Schule zu ermöglichen. Unsere kreativen Köpfe rauchen bei Treffen, in denen wir gemeinsam überlegen, wie wir die Lust am Lernen und den relativ straffen Lehrplan der ersten Klasse miteinander vereinen können. Genauso wie Kinder und Eltern wissen auch wir Lehrer nicht, welche Kinder und welche Klasse wir konkret erwarten. Das Herzklopfen ist also nicht nur aufseiten der Schüler und Eltern, sondern auch der Lehrer am Tag der Einschulung deutlich spürbar.

Carolin Tschage, *1986, Grundschullehrerin und Schulseelsorgerin im Rhein-Main-Gebiet. Liebt Musik, Menschen und alles Kreative. Sie lebt mit ihrem Mann in einem kleinen Dorf, gerade weit genug weg von allem (Groß-)Stadttrubel.

> »Erziehung besteht aus zwei Dingen:
> Beispiel und Liebe.«
>
> Friedrich Fröbel, 1782-1852, Pädagoge
> und bekannt durch die nach ihm benannten
> Fröbel-Sterne in der Adventszeit

Gute Frage …

Woher kommt die Schultüte eigentlich?

Ein wichtiges Detail darf mittlerweile bei keiner Einschulung im deutschsprachigen Raum fehlen: die Schultüte, auch Zuckertüte genannt. Gefüllt mit allerhand Leckereien und Nützlichem halten die Erstklässler sie zu ihrer Einschulung fest im Arm, und das schon seit dem 19. Jahrhundert. Ihren Ursprung hat sie in Mitteldeutschland, in Thüringen und Sachsen, und schon immer war ihr alleiniger Zweck, den Schulanfang zu versüßen. Schon vor vielen Jahrzehnten sind Väter zum örtlichen Konditor gegangen, um fürs neue Schulkind eine Tüte voller Zuckersachen zu besorgen – daher kommt der Name »Zuckertüte«. In einem Buch mit dem Titel »Zuckertütenbuch für alle Kinder, die zum ersten Mal in die Schule gehen« aus dem Jahr 1853 ist von einem Zuckertütenbaum die Rede: Im Keller jeder Schule stehe solch ein Baum, und sobald die Zuckertüten groß genug wären, könnten die Kinder sie pflücken und endlich zur Schule gehen. Aufgrund dieser Geschichte werden bis heute vielerorts während der Einschulungsfeier die Schultüten von einem Baum genommen und dem jeweiligen Kind feierlich überreicht.

Mit großen Schritten in Richtung Unabhängigkeit

»Es geht nicht darum, perfekt zu sein. Es liegt eine große Kraft darin, die Voraussetzungen dafür zu schaffen, dass man erkannt und gehört wird, darin, die eigene, einzigartige Geschichte für sich zu beanspruchen, mit der eigenen, authentischen Stimme zu sprechen. Und es liegt eine große Anmut und Gnade darin, andere erkennen und hören zu wollen. Das ist es, was ›Werden‹ für mich heißt.«[1]

Michelle Obama, *1964, ehemalige First Lady der USA,
am Ende ihrer Autobiografie »Becoming: Meine Geschichte«

Das eigene Leben erobern.
Nicht mehr Kind, aber noch nicht ganz erwachsen. Orientierung suchen und finden. Neue Möglichkeiten. Abschlüsse feiern. Mit Schaumwein anstoßen. Auto-mobil werden. Verträge schließen. Eine eigene Wohnung beziehen. Die erste Liebe genießen. Krisen durchleben. Hinfallen und wieder aufstehen. Ankommen in der Welt der Erwachsenen. Lernen, Wachsen und Reifen.
Das eigene Werden zelebrieren.

Eine Zwischenzeit namens Jugend

Jedes Jahr im Frühjahr ist Hochsaison für Kommunion, Konfirmation oder Jugendweihe. Ausstatter feiner Kleider haben viel zu tun, genauso wie Konditoren und die Betreiber von Event-Locations. Denn auch die Rituale für den Übergang vom Kind zum Jugendlichen oder Erwachsenen wollen ausgiebig gefeiert werden – ob traditionell in einer Kirche oder ganz anders, ist dir überlassen.

DEN ÜBERGANG FEIERN – ABER WIE?

Vor einigen Jahrzehnten noch war der Zeitpunkt des Übergangs vom Kind zum Heranwachsenden klar: Am Ende der Volksschule waren Kinder um die 14 Jahre alt, starteten ins Berufsleben und damit in die Welt der Erwachsenen. Diesen Übergang markierten traditionell die kirchlichen Rituale der Konfirmation (evangelisch) und Firmung (katholisch) oder eben die Jugendweihe.

Heute ist vieles anders. Menschen haben weniger Bindung zu kirchlichen Traditionen und Jugendliche gehen viel länger zur Schule und starten später ins Berufsleben. Die Zahl der Konfirmationen und Firmungen geht daher stetig zurück. Dafür sprießen andere Feierlichkeiten auf – ein Zeugnis dafür, dass wir für den Übergang von der Jugend zum Erwachsenenalter irgendwie doch bedeutungsvolle Rituale pflegen möchten. Warum das so ist, weiß Dr. Emilia Handke. Seit Jahren forscht sie zur Gestaltung von Lebensübergängen.

Aus der Erfahrungsschatzkiste

Erwachsenwerden – und wie ich das feiern kann

Der dänische Philosoph Sören Kierkegaard hat einmal gesagt, dass das Leben vorwärts gelebt, aber rückwärts verstanden wird. Rituale sind dafür da, um innezuhalten, sowohl zurück als auch nach vorn zu blicken und unser Leben besser zu verstehen. Im langen Prozess des Erwachsenwerdens bedeutet das, diese beiden Fragen zu bearbeiten: »Wer bin ich eigentlich?« und »Wer möchte ich sein?«

Für die religiösen Rituale ist der Glaube ein wesentlicher Pfeiler dieses Erwachsenwerdens und um das Leben zu bestehen, braucht es Bildung und Übung in der Dimension des Glaubens. Konkret bedeutet das: Ich muss ein Gebet lernen, um es in Notsituationen benutzen zu können, oder mir Gedanken gemacht haben über die Frage, was nach dem Tod kommt, um eines Tages davon nicht eiskalt erwischt zu werden. In Gemeinschaft lernt man so etwas am besten, deswegen gibt es in den Kirchen immer eine Vorbereitungsarbeit auf Firmung oder Konfirmation. In der Jugendweihe bzw. Jugendfeier gibt es eine solche Vorbereitungsarbeit nur auf freiwilliger Basis – der Glaube spielt dabei keine Rolle.

»Initiationsrituale« sind heute wohl weder die religiösen noch die weltlichen Rituale. Früher fiel die Konfirmation mit dem Ende der Volksschule im Alter von 14 Jahren zusammen. Heute ist es eher die symbolische Inszenierung eines Punktes in einem langen Prozess, der im weiteren Verlauf zur ersten Liebe, dem Schulabschluss, dem Auszug von zu Hause, der Berufsausbildung oder dem Studium und vielleicht dem Gründen einer Familie führt.

In der Regel ist die Teilnahme an Jugendweihe, Konfirmation, Firmung oder Bar-/Bat-Mizwa eher Ausdruck der weltanschaulichen Orientierung des Elternhauses als eine eigene Entscheidung. Die Kirchen müssen also Familienarbeit betreiben, um Familien den Wert dieser lebensbegleitenden Rituale näherzubringen. Das beginnt bereits im Kindergarten: Wo Eltern diese Dimension als hilfreich erleben, da kommen Religion und Kirche auch für diejenigen in den Blick, für die die Teilnahme an Konfirmation oder Firmung nicht ohnehin selbstverständlich ist.

Wenn junge Menschen tatsächlich vor der Frage stehen, welches Ritual für sie das richtige ist, dann sollten sie sich zunächst fragen, ob sie etwas über die Dimension des Glaubens lernen möchten und ob sie offen dafür sind, sich vielleicht am Ende dieses Weges taufen zu lassen. Das ist eine großartige Chance, die großen religiösen Fragen der Menschheit einmal mit eigenen Augen zu betrachten. Wenn sie sich das gar nicht vorstellen können, dann kommen Jugendweihe oder Jugendfeier in Betracht. Dabei sollten die jungen Leute danach auswählen, wofür die Feier für sie selbst steht. Wenn es um mehr geht als einen öffentlichen Anlass für eine private Feier mit Geschenken, sollten sie sich gut anschauen, was die Verbände zur Vorbereitung tatsächlich anbieten. Dies gilt ebenso für unkonventionelle kirchliche und nicht kirchliche Alternativen wie die »Feier der Lebenswende« oder »Phönixzeit« bzw. »Drachinzeit«. Im Ganzen gilt: Es ist deine Zeit – gestalte sie mit!

Dr. Emilia Handke, *1986, hat Theologie und Philosophie studiert und an der Forschungsstelle für religiöse Kommunikations- und Lernprozesse der Martin-Luther-Universität Halle-Wittenberg mit einer Arbeit über kirchliche Rituale für konfessionslose Jugendliche promoviert; heute leitet sie das Werk »Kirche im Dialog« der Evangelisch-Lutherischen Kirche in Norddeutschland.

BUCHTIPP:
»Lebensübergänge begleiten: Was sich von religiösen Jugendfeiern lernen lässt« von Emilia Handke und Michael Domsgen, Evangelische Verlagsanstalt, 2016.

KONFIRMATION

Die evangelische Konfirmation erleben Jugendliche meist im Alter von 13 oder 14 Jahren. Dem großen Fest geht in der Regel ein zweijähriger Konfirmandenunterricht mit dem örtlichen Pfarrer und einer Horde Gleichaltriger voraus. In dieser Zeit lernen die Konfirmandinnen und Konfirmanden viel über den evangelischen Glauben, über Kirchenstrukturen und Rituale. Sie stellen sich auch allerhand Fragen über das Leben: »Wo kommen wir her?«, »Wo gehen wir hin?«, »Was ist der Sinn unseres Lebens?« und »Was will ich eigentlich in dieser Welt bewegen?« Das sind insgesamt oft sehr spannende Zeiten, so mitten in der Pubertät, an der Schwelle vom Kind zum heranwachsenden Jugendlichen.

Mit der Konfirmation werden die Jugendlichen amtliches Mitglied der Evangelischen Kirche in Deutschland mit allen Rechten und Pflichten. Ab diesem Zeitpunkt dürfen sie an Kirchenwahlen teilnehmen und selbst Taufpaten sein. Die Konfirmation ist auch die feierliche Bestätigung der eigenen Taufe. Manch ein Theologe bezeichnet die Taufe als »Verlobung mit der Kirche«, die Konfirmation wäre dann – wenn man im Bild bliebe – die »Hochzeit«. Das lateinische Wort »confirmare« heißt so viel wie »festigen, bestärken«. Die Konfirmation ist also die eigene, mündige Entscheidung, Teil der christlichen Kirche sein und den evangelischen Glauben leben zu wollen.

Die Erinnerungen an meine Konfirmation sind übrigens bunt: Als Einzige trug ich nicht schwarz-weiß sondern ein Jeans-Kleid mit blau-weiß-kariertem Rock. Ich hatte eine helle Strähne im Haar und war wahrlich gezeichnet von ersten ungelenken Schminkversuchen. Zum Glück kann ich über die Fotos von damals heute herzhaft lachen.

Im Jahr 2016 wurden laut Statistik der Evangelischen Kirche in Deutschland übrigens mehr als 180.000 Jugendliche konfirmiert.

KOMMUNION UND FIRMUNG

Die Kommunion ist bei meinen katholischen Nachbarn immer ein großes Familienfest. Ich habe jetzt alle vier Töchter in ihren süßen weißen Kleidchen und mit passenden Ballerinas sehen dürfen, in denen sie an einem Sonntagmorgen im Frühling in die Kirche trippelten, um ihre Erstkommunion zu zelebrieren.

Kommunion heißt »Gemeinschaft«, und die feiern Christen vor allem mit dem Abendmahl. Mit dem Abendmahl erinnern alle Christen an das Abschiedsmahl von Jesus mit seinen Nachfolgern vor seinem Tod. Beim Fest der Erstkommunion nehmen katholisch getaufte Kinder erstmals am Abendmahl teil. Im Recht der katholischen Kirche dürfen Kinder ab dem 7. Lebensjahr die Erstkommunion empfangen. Denn ab diesem Alter meint man, dass Kinder den Unterschied erkennen können zwischen »Brot und Wein«, die beim Abendmahl gereicht werden, sinnbildlich für den Körper und das Blut von Jesus, und den sogenannten gewandelten Gaben; Katholiken gehen ja bei der Feier des Abendmahls davon aus, mit Brot und Wein tatsächlich den Körper, also Leib Christi, in sich aufzunehmen. Das ist eine theologische und kirchengeschichtliche Besonderheit, die für manch einen seltsam ist, für Katholiken aber ganz essenziell.

Der Erstkommunion geht ein Unterricht voraus, in dem die Kinder innerhalb von ungefähr sechs Monaten die wichtigsten Inhalte des katholischen Glaubens kennenlernen. Und tatsächlich sind bei der Erstkommunion, genauso wie bei der Taufe, weiße Kleider zu tragen. Denn Weiß steht traditionell für Reinheit – und die braucht es fürs Abendmahl. Ein Bekenntnis aller Schuld und Sünde geht dem voraus, denn Christen dürfen erst nach dieser Buße zum Abendmahlstisch treten.

Die Firmung ist das katholische Pendant zur Konfirmation: Hier bestätigen die rund 15-jährigen Jugendlichen ihre Taufe und bekennen sich zu ihrem christlichen Glauben. Auch in Vorbereitung hierzu besuchen sie einen Unterricht, die sogenannte Firmkatechese. Bei der Firmung ist meist ein Bischof anwesend, der die Firmlinge mit Öl segnet und ihnen geistliche Kraft zuspricht. Die Segnung durch einen hohen kirchlichen Würdenträger unterstreicht die Wichtigkeit dieses Festes.

BAT-MIZWA UND BAR-MIZWA

Die Bat-Mizwa (Mädchen) und Bar-Mizwa (Jungs) ist eines der wichtigsten Ereignisse im Leben von Jüdinnen und Juden. Es macht sie zu Erwachsenen und zu mündigen Gläubigen, denn »Bat-Mizwa« bedeutet »Tochter des Gebots« und »Bar-Mizwa« »Sohn des Gebots«. Das soll heißen: Ab jetzt bist du selbst mündig auch nach den Geboten Gottes zu leben. Und das wird groß gefeiert!

Bat-Mizwa: Die mündige Frau

Jüdische Mädchen erhalten die Religionsmündigkeit bereits im Alter von zwölf Jahren – ab jetzt sind sie aus religiöser Sicht eine Frau. Ihre Bat-Mizwa-Zeremonie ist in den meisten jüdischen Gemeinden reduzierter als die der Jungs: In der Regel werden alle in einem Kalenderjahr zwölf Jahre alt gewordenen Mädchen gemeinsam während eines Gottesdienstes mit einem sogenannten Mädchensegen geehrt; sie dürfen dann erstmals selbst die festliche Sabbat-Kerze anzünden, die den jüdischen Ruhetag Sabbat einläutet. In neueren und reformierteren jüdischen Gemeinden nehmen Mädchen und Jungs an derselben Feier teil.

Bar-Mizwa: Der mündige Mann

Jüdische Jungs erhalten mit 13 Jahren die Religionsmündigkeit – ab dann gelten sie aus religiöser Sicht als Mann, haben die vollen Rechte und Pflichten eines mündigen Gemeindemitglieds und nehmen am aktiven Gebetsleben teil. Meist während eines Gottesdienstes direkt nach seinem Geburtstag wird der Junge zu seiner ersten Schriftlesung – Juden lesen die Thora – aufgerufen. Aus der Thora zu lesen ist für Juden etwas ganz Besonderes, entsprechend stolz ist der Jugendliche in diesem Moment.

JUGENDWEIHE

Jugendliche, die ohne eine Religion groß werden, feiern im Alter von 15 Jahren immer häufiger die sogenannte Jugendweihe. Dieses Familienfest – bereits seit 150 Jahren Teil der deutschen Kultur, seit den 1950er-Jahren vor allem in der ehemaligen DDR häufig gefeiert, mittlerweile aber in ganz Deutschland sehr beliebt – ist ein großer Schritt in die Erwachsenenwelt. Es gilt als Zeichen, dass die Jugendlichen ein selbstständiges und selbstbestimmtes Leben führen möchten und sich zu humanistischen Werten wie Toleranz, Gemeinsinn und Solidarität bekennen. Jugendweihefeiern sind sehr festlich. Meist feiern mehrere Hundert Gäste in einer prunkvoll dekorierten Festhalle.

AUCH DER KÖRPER WIRD ERWACHSEN

Ich erinnere mich noch gut an die Zeit, als ich die ersten Male meine Periode bekam. Wie meine Mutter mich mit Binden und Tampons versorgte und ich gefühlt stundenlang versuchte, damit klarzukommen, vor allem mit den Tampons.

Die monatliche Regelblutung ist für Mädchen so was wie der körperliche Startschuss zum Frau-Werden. Ab jetzt beginnt die fruchtbare Zeit: Frau wird es rein körperlich gesehen möglich, ein Kind zu bekommen. Meist ist das im Alter zwischen 10 und 14 Jahren der Fall.

Und das sollte gefeiert werden!

Eine Bekannte zum Beispiel hat zu diesem Anlass von ihrem Vater einen wertvollen Schal geschenkt bekommen – einfach aus Anerkennung und Wertschätzung. Eine tolle Geste, wie ich finde! Eine große »Perioden-Party«, wie sie in den USA oft gefeiert wird, wäre mir persönlich auch zu viel – denn es ist ja doch irgendwie immer noch eine intime Sache. Aber eine Würdigung innerhalb der Familie halte ich für angemessen und liebevoll der Tochter gegenüber. Dazu gehört natürlich auch, dass wir mit Mädchen ausführlich über die Periode und was damit einhergeht sprechen, Ängste nehmen vor dieser seltsamen Neuerung des Körpers und geduldig Fragen beantworten.

So können wir versuchen, der gesamtgesellschaftlich eher negativen Wahrnehmung der weiblichen Monatsblutung entgegenzuwirken. Tatsächlich ist sie für die meisten etwas Ekliges, Anrüchiges, über das man lieber den Mantel des Schweigens hüllen sollte. So wird in der Werbung für Binden und Tampons die Blutungsflüssigkeit stets in zartem Blau und lichtem Grün dargestellt. Eine Firma hat es mal mit dem reellen Rot versucht und erntete prompt einen Shitstorm. Lass uns dazu beitragen, dass die Regel als etwas völlig Normales – ja sogar Wunderbares! – wahrgenommen wird.

Übrigens passiert rein körperlich bei Jungs genauso etwas, wie ich von der Sexologin Veronika Schmidt gelernt habe.

Aus der Erfahrungsschatzkiste

BUCHTIPP:
»Hand aufs Herz« von Leila Slimani, Avant-Verlag Berlin, 2018.
»Ebbe und Blut: Alles über die Gezeiten des weiblichen Zyklus« von Eva Wünsch und Luisa Stömer, Goldmann Verlag, 2018.

Sexuelle Anfänge

Zwischen dem 10. und 16. Altersjahr, am Übergang vom Kind zum Erwachsenen, hat die Natur ihre eigenen Initiations-Riten eingerichtet. Die Menarche, das erste Auftreten der Regelblutung bei der jungen Frau, und die Spermarche, der Beginn der Spermienproduktion beim jungen Mann, der bald darauf einmal die Pollution folgt, der erste Samenerguss.

An dieser Schwelle der biologischen Entwicklung sollte die sexuelle Erziehung nicht beginnen, sondern weitgehend abgeschlossen sein, in einem über Jahre andauernden Prozess, dem Alter jeweils angemessen. Was danach folgt, ist die psychosoziale Vorbereitung auf Liebe, Selbstliebe, Selbstakzeptanz und Selbstverantwortung im Zusammenhang mit der Geschlechtsreife und der emotionalen Entwicklung in der Pubertät.

Veronika Schmidt, *1961, ist Sexologin und Systemtherapeutin und bloggt auf www.liebesbegehren.ch über Liebe, Sex & Zärtlichkeiten und bemüht sich sehr um heilsame Aufklärung.*

Endlich frei!

Bei Heranwachsenden entwickelt sich der Körper vom Kind über den Jugendlichen zum Erwachsenen. Auch die Psyche wächst mit, wobei die »Pubertiere« (liebevolle Bezeichnung für Jugendliche in der Pubertät, angelehnt an einen Buchtitel) von den Menschen um sie herum meist als recht herausfordernde Spezies wahrgenommen werden. Das Gehirn wird in dieser Zeit quasi komplett umgebaut, was manchen illustren Systemausfall zur Folge hat, weiß man von Hirnforschern (und aus der eigenen Erfahrung). Mit den zunehmenden Jahren wird uns Menschenkindern auch immer mehr Verantwortung übertragen. Schrittweise, damit wir den Umgang damit in aller Ruhe lernen können. Und so gibt es für Heranwachsende einige Meilensteine, die in vielerlei Hinsicht Neuigkeiten bringen. Vor allem der 16. und der 18. Geburtstag.

EINE WELT VOLLER MÖGLICHKEITEN

Was mit 16 alles möglich wird:
Du darfst bis Mitternacht ausgehen und in Gaststätten und Clubs bleiben. Länger allerdings nicht, auch dann nicht, wenn Freunde über 18 dabei sind. Du darfst automobil werden und einen Führerschein für Mofa, Traktor und diverse Arbeitsmaschinen machen. Mit 17 darfst du dann sogar den Autoführerschein machen und im Rahmen des »begleiteten Fahrens« unterwegs sein. Deine Begleitung muss mindestens 30 Jahre alt sein und ihren Führerschein seit mindestens fünf Jahren besitzen. Du darfst Alkohol trinken – aber nur die leichten Getränke: Bier, Wein, Sekt und daraus gemischte Drinks. Du darfst

dich mit dem Einverständnis deiner Eltern tätowieren lassen, heiraten und dir die Anti-Baby-Pille verschreiben lassen. Du bekommst einen Personalausweis. Du darfst in manchen Bundesländern an Kommunal- und Landtagswahlen teilnehmen.

Was mit 18 alles möglich wird:
Du darfst jedes alkoholische Getränk zu dir nehmen, auch Schnaps, Cocktails und Alcopops und dich rund um die Uhr in Bars und Nachtclubs vergnügen. Und du darfst aus rechtlicher Sicht ab jetzt rauchen. Du darfst den Führerschein machen und allein Auto fahren. Du brauchst deine Eltern nicht mehr um Erlaubnis zu fragen, wenn du heiraten oder dir ein Tattoo oder Piercing stechen lassen willst. Du wirst geschäftsfähig, darfst also Verträge schließen und ein eigenes Konto eröffnen. Du darfst an Bundestags- und Europawahlen teilnehmen. Du darfst an Gewinnspielen teilnehmen und Lottoscheine ausfüllen.

Volljährigkeit weltweit:

In den meisten Ländern bist du mit Vollendung deines 18. Lebensjahres volljährig.

In den USA liegt die Volljährigkeit je nach Bundesstaat bei 18, 19 oder 21 Jahren.

Volljährig mit 19 Jahren bist du in einigen Provinzen von Kanada und Südkorea.

Volljährig mit 20 Jahren bist du in Taiwan, Neuseeland, Thailand und den Vereinigten Arabischen Emiraten.

Volljährig mit 21 Jahren bist du in
Ägypten
Bahrain
Burundi
Elfenbeinküste
Guinea
Honduras
Kamerun
Lesotho
Namibia
Sierra Leone
Singapur
Swasiland

Übrigens: In vielen lateinamerikanischen Ländern ist der 15. Geburtstag für Mädchen der wichtigste Tag des Erwachsenwerdens und wird als »Quinceanera« ganz groß gefeiert. Sie werden an diesem Tag für ihren Übergang vom Kind zur Frau geehrt, die Gesellschaft erkennt damit die Reife des Mädchens an. Oft werden die Töchter mit rosaroten Blumen zu Hause abgeholt und vom Vater zu einem festlichen Debütantenball geführt.

Aus meinem Leben

Auch für mich war der 18. Geburtstag ein großer Tag! Gleich am frühen Morgen, noch vor Schulbeginn, fuhr meine Mutter mich zum örtlichen Landratsamt. Vom Hof fuhr ich dann selbst, denn endlich hatte ich meinen Führerschein in der Hand! Einige Wochen zuvor schon hatte ich die entsprechenden Prüfungen erfolgreich absolviert. Nun endlich durfte ich selbst fahren.

Am Geburtstagsmorgen sollte auch wie versprochen mein Traumauto vor der Tür stehen, doch aufgrund des frechen Grinsens meines Vaters ahnte ich, dass hier etwas nicht so ganz stimmte. Was aber stimmte: Mein Traumauto stand tatsächlich vor der Tür. Ein schwarzer Audi TT Roadster. Was nicht stimmte, war die Größe. Es war ein Modellauto, das bis heute oben auf einem meiner Regale steht als Erinnerung an diesen Tag – und an meinen Traum.

Einige Wochen später lud mich mein Vater dann zu einer Probefahrt mit meinem Traumauto ein. Der Verkäufer im Autohaus dachte, dass mein Vater mir tatsächlich solch einen Wagen schenken würde, wir wollten aber nur mal eine Stunde über die Autobahn jagen. Und das war herrlich!

VIELE ERSTE MALE

Den ersten BH: Bei Mädchen beginnt mit der Pubertät die Brust zu wachsen – die eine mehr, die andere weniger, je nach Betrachtungsweise sehr zur Freude oder zum Leidwesen der jungen Dame. Je größer die Brust wird, desto wichtiger ist ein gut sitzender BH. 80% aller Frauen tragen die falsche Größe. Daher ist es wichtig, von Anfang an und am besten im Fachhandel gut »vermessen« zu werden: Das Maßband wird straff um den Brustkorb gelegt, einmal unter der Brust (für den »Unterbrustumfang, das ist die Zahl in der BH-Größe), einmal über die Brust (für die Körbchengröße, das ist der Buchstabe in der BH-Größe). Für viele Mädchen ist ein BH, oder auch ein Bikini, ein wichtiges Symbol des Erwachsenwerdens, das doch mit einer ausgiebigen Shopping-Tour gefeiert werden könnte.

Der erste Schnaps mit Papa: Mein Bruder erinnert sich immer gerne an einen Abend am nordhessischen Edersee, als er mit unserem Vater am Tresen eines Restaurants stehend seinen ersten Wodka trank. Er empfand das als sehr spannend – und rückblickend als eine sinnvolle Heranführung an Alkohol. Er geht mit Alkohol heute verantwortungsvoll um, trinkt aber durchaus schon auch mal einen über den Durst.

Das erste Mal wählen gehen: Wir im Deutschland der 2000-Jahre haben meist keine Ahnung, was für ein Privileg das Wahlrecht ist. Dieses Recht ist eine tragende Säule unserer Demokratie und die sollten wir mit unserer Wahlteilnahme stärken. Viele Jahrzehnte durften in Deutschland nur die Männer wählen gehen. Erst 1919 hatten die Frauen das gleiche Recht. In der Schweiz dürfen Frauen sogar erst seit 1971 wählen. Also lass uns dieses – weltweit gesehen privilegierte – Recht nutzen und mitbestimmen: Auf kommunaler, Landes- und Bundesebene und auch in Europa. Wir haben mehr in der Hand als wir denken. Und der allererste Gang zur Wahlurne könnte doch gemeinsam mit ein paar Freunden geschehen, mit anschließendem Anstoßen im Lieblings-Restaurant oder im Park mit einer Flasche Sekt im Rucksack.

Der erste Personalausweis: Mit deinem 16. Geburtstag beginnt für jeden von uns in Deutschland die Ausweispflicht. Ob du einen Reisepass oder einen Personalausweis besitzt ist dabei egal, Hauptsache, du kannst deine Identität mit einem amtlichen Dokument nachweisen. Den Ausweis musst du selbst beantragen, und zwar in der Stadt, in der du gemeldet bist. Mitführen musst du ihn allerdings nur in Ausnahmefällen, zum Beispiel wenn du bestimmte Waffen bei dir trägst.

> Vor wenigen Jahren noch war der Personalausweis ein kleines DIN-A7-Büchlein. Während der deutschen Teilung gab es in Westdeutschland ein graues Büchlein als Ausweis, in Westberlin ein grünes und in der DDR ein blaues. War der Personalausweis jahrzehntelang kostenlos, so bezahlst du als Bürger mittlerweile 28,80 Euro. Dafür bekommst du ihn heute im handlichen Kartenformat und gespickt mit biometrischen Daten, die mehr Sicherheit und mehr Möglichkeiten versprechen. Bei Online-Diensten und Visa zum Beispiel sorgen die vielen biometrischen und persönlichen Informationen, die digital im Personalausweis hinterlegt sind, für eine zweifellose Identifikation, wodurch Betrug und Fälschung unmöglich werden.

ERSTE KRISENZEITEN

Diese Zeit am Ende der Teenager-Jahre ist schon besonders spannend: Man verlässt den sicheren Hafen des Elternhauses und beginnt ein unabhängiges Leben. Laut einer Statistik aus dem Jahr 2018 waren junge Männer in Deutschland beim Auszug aus dem Elternhaus 24,4, junge Frauen 22,9 Jahre alt. Das ist im europäischen Vergleich eher früh: Spitzenreiter sind Montenegro und Kroatien, wo Männer erst mit 35 bzw. 33 Jahren ausziehen, Frauen mit 30 Jahren.

Mir ist bewusst, dass nicht jeder sein Elternhaus als »sicheren Hafen« bezeichnen kann. Manch einer muss viel früher auf eigenen Beinen stehen. Je nach Lebenssituation erleben wir die ersten intensiven Krisen früher oder später – sicher ist immer: Sie kommen.

[Krise] — Laut Duden eine »schwierige Lage, Situation, Zeit (die den Höhe- und Wendepunkt einer gefährlichen Entwicklung darstellt); Schwierigkeit, kritische Situation; Zeit der Gefährdung, des Gefährdetseins«

Für manch einen ist das Erwachsenwerden an sich eine Krise. Fragen wie »Welchen beruflichen Weg soll ich einschlagen«, »In welche Stadt zieht es mich?«, »Wie möchte ich leben?« und »Wie soll ich überhaupt allein klarkommen?« bleiben oft erst einmal unbeantwortet. Umso wichtiger sind in diesen Krisenzeiten Rituale – diese aktiven Handlungen, die uns Halt und Struktur geben.

Anne-Maria Apelt liebt es, Menschen an solchen Meilensteinen des Lebens zu begleiten. Sie gestaltet dafür Rituale in der Natur und hilft damit Menschen, würdevoll zurückzublicken und mutig in die Zukunft zu schauen:

Aus der Erfahrungsschatzkiste

Die Kraft der Rituale: Warum wir Übergangsgestaltung im Leben brauchen
Wann werden wir erwachsen? Wenn die erste Lebenskrise uns ereilt, werden die meisten Menschen gezwungen, sich mit den großen, relevanten Fragen auseinanderzusetzen.

Krisen geben den Anlass, eine bisherige Komfortzone zu verlassen und zu unbekannten Ufern aufzubrechen. Die Krise ist genau das Gebiet zwischen diesen beiden Polen. Man befindet sich dann auf »unbekanntem« Terrain. In Krisen kann erfahren werden, was es heißt, ganz menschlich zu sein, und wie fragil das Leben ist, aber auch, wie dynamisch. Häufig ist man dann mit der elementaren Frage konfrontiert, wofür man wirklich leben und sich einsetzen möchte.

In den krisenhaften Zeiten und großen Fragen suchen Menschen nach Antworten und Orientierung. Menschen ahnen dann, dass sich das Leben von Grund auf ändert. Es entsteht das Bedürfnis, die Krise, den Übergang in eine andere Lebensphase zu gestalten oder zumindest – wenn sich der Übergang unserer Kontrolle entzieht – zu erfahren. Menschen suchen dann Rat.

Zu allen Angeboten der Beratung und Therapie entsteht zusätzlich der Wunsch, die Veränderung durch eine konkrete Handlung oder eine sinnliche Erfahrung sichtbar zu machen. Diese Handlungen, Rituale, Gesten helfen anzuerkennen, was das Herz ahnt, aber der Verstand noch nicht begreifen kann. Dabei sind Rituale nichts Magisches, sie führen auch nichts herbei, sondern sie sind eine Bestätigung einer neuen Wahrheit über das eigene Selbst. Der zurückliegende Lebensabschnitt kann gewürdigt werden, die Veränderung gefeiert und das Neue eingeladen werden.

Mit einem Ritual wird anerkannt, dass sich etwas verändert oder bereits verändert hat oder anders sein darf. Es ist ein Hilfsmittel, das wir gebrauchen können, um der eigenen seelischen Bewegung ganzheitlich Raum zu geben.

Tipp

Solche besonderen Rituale in der Natur werden bestenfalls von kundigen Menschen begleitet. Auf der Suche nach kompetenten Anbieterinnen für Rituale in der Natur im deutschsprachigen Raum wird man in dem Netzwerk der Visionssucheleiter *innen e.V. fündig. www.visionssuche.net

Dafür sind eindeutige Rahmenbedingungen wichtig, die auch individuell kreiert werden können. Es braucht kundige Seelenbegleiter, Berater, Coaches oder Zeugen, die durch diesen besonderen Prozess begleiten können, den Rahmen halten und die Ritualform schaffen.

Ich selbst gestalte vor allem Rituale in der Natur. Menschen kommen zu mir, weil sie spüren, dass der Lebensübergang, vor dem sie gerade stehen, eine besondere Würdigung erfahren soll. Auf der Schwelle in die neue Phase steht meistens nur ein Wunsch, ein Gebet oder eine Absicht, woraus dann in dem Ritual etwas Neues geboren wird. Die Natur, in die das Ritual hineingestaltet wird, bietet dafür einen absichtsfreien Raum. Sie bietet einen regelrechten Systemwechsel, Unbestechlichkeit und einen reichen Bilder- und Symbolschatz der Person, die sich ihr anvertraut. Sie ist darum zur Ausübung von Gesten und Ritualen zur Übergangsgestaltung der perfekte Ort.

Anne-Maria Apelt (*1981)
Beraterin, Naturritualleiterin
und Visionssucheleiterin.
www.lebensentdeckungsreisen.de

BUCHTIPP:
»Grüne Wunder erleben«
von Anne-Maria Apelt,
adeo Verlag, 2019.

Der Ernst des Lebens klopft an die Tür

Während des Studiums oder der Ausbildung gibt es eine ganze Menge zu zelebrieren: unendlich viele Prüfungen, Klausuren, Seminararbeiten, schließlich eine Bachelorarbeit und vielleicht sogar auch eine Masterarbeit oder eine Promotion. Dazu die erste große – oder zumindest *eine* – Liebe, die kommt und vielleicht auch wieder geht. Das erste Mal tatsächlich in den eigenen vier Wänden, in einer WG, im Studentenwohnheim oder im Ein-Zimmer-Apartment, oft spendiert von Mama und Papa.

In dieser Zeit bekommen viele einen ersten intensiven Eindruck davon, was im Leben alles so auf uns einprasselt, wenn wir selbstständig leben wollen: Da musst du dich beim Amt als neuer Einwohner melden und den Pass aktualisieren lassen, dich für einen Stromanbieter entscheiden, Versicherungen abschließen, Daueraufträge bei der Bank einrichten, selbst für die Wohnungseinrichtung und einen gefüllten Kühlschrank sorgen, ganz zu schweigen von Ordnung und Sauberkeit… Es kommen auch die ersten eigenen Reisen, Skiurlaub mit Freunden zum Beispiel, Camping am nächsten See oder einen Surftrip an die Algarve.

Durchstarten hat seine Herausforderungen – und seine Glanzlichter, die du feiern könntest:

Das erste eigene Geld: Ob das wöchentliche Zeitungaustragen, der lukrative Ferienjob oder der erste richtige Arbeitsplatz – wenn das erste Gehalt auf dem Konto eingegangen ist, ist es doch Zeit für eine kleine Belohnung.

Die erste eigene Bude: Überlegen, was aus dem Kinderzimmer mitgenommen wird und endlos durch Möbelhäuser schlendern für was Neues.

Das erste eigene Auto: Vielleicht vom Opa geschenkt, vielleicht lange drauf hin gespart – in jedem Fall ein Fest wert! Oder mindestens eine feierliche Spritztour.

Housewarming-Party: Nach jedem Umzug die neuen vier Wände einweihen und mit ein paar Freunden die erste Party im neuen Heim schmeißen.

Das erste Mal der Mama Blumen schicken: Zu Muttertag, Geburtstag oder während eines Krankenhausaufenthalts einen Lieferservice für Blumen buchen und der Mama mit einem Überraschungsstrauß ein Lächeln aufs Gesicht zaubern.

Das erste Mal die Eltern zum Essen einladen: Das erste eigene Gehalt gemeinsam mit den Eltern verprassen (vielleicht nicht das ganze) und auf diese Weise »Danke« sagen für jahrelanges Durchfüttern.

Aus meinem Leben

Das erste Mal Weihnachten mit den Eltern bei mir zu Hause: Wie aufregend! Vielen geht es sicher wie mir, und sie feiern Weihnachten noch bis weit ins Erwachsenenalter hinein bei den Eltern. Es ist ja auch eine schöne Gelegenheit, mal wieder ein paar Tage mit der ganzen Familie zu verbringen, und wer weiter weg in eine andere Stadt gezogen ist, freut sich sicher über die Möglichkeit, Freunde von früher wiederzutreffen, die es über die Feiertage auch wieder in die alte Heimat zieht. Aber irgendwann ändern sich die Dinge, irgendwer heiratet oder zieht so weit weg, dass er nicht mal eben herfliegen kann. Oder die Eltern ziehen um.

Diese Chance habe ich vor einigen Jahren genutzt: Meine Eltern sind aus dem Haus, in dem ich aufgewachsen bin, in eine andere Stadt gezogen. Außerdem hat mein Bruder geheiratet. Plötzlich war alles anders – unser »so war es schon immer« war durchbrochen! Also rief ich irgendwann im Herbst bei meinen Eltern an und sprach diese alles verändernden Worte: »Es könnte sein, dass ich dieses Jahr an Weihnachten nicht nach Hause komme …« Dieses Telefonat fiel mir unglaublich schwer, die Reaktion meiner Eltern war hingegen total leicht. Für sie war es völlig in Ordnung, dass ich an Heiligabend mit Freunden zu Hause in München feiern würde.

Am zweiten Weihnachtsfeiertag kamen meine Eltern dann zu mir – zum ersten Mal anlässlich eines solchen Feiertages. Das war sehr besonders! Ich bin an diesem Weihnachtsfest vor einigen Jahren ein ganzes Stück erwachsener, reifer und im besten Sinn auch unabhängiger geworden. Zu merken, dass ich mein eigenes Leben lebe und sogar so ein Fest in eigener Regie feiern kann – das war fantastisch!

»Wer bekommt, was er mag,
ist erfolgreich. Wer mag, was er bekommt,
ist glücklich.«

Martin Luther, 1483-1546, Theologe

Die Mitte des Lebens gestalten.
Prüfungen bestehen – oder nicht. Verlieben, verloben, heiraten. Erinnerungen sammeln. Begrüßen und verabschieden. Ziele stecken, erreichen und loslassen. Neues entdecken. Hinfallen und wieder aufstehen. Wünsche erfüllen. Glück finden.

Ja, ich will!

Seit ich mit dem Studium fertig bin und meine Lebensplanungs-Intervalle größer werden, scheint die Zeit viel schneller zu vergehen. Ich weiß noch, als ich endlich in der Oberstufe des Gymnasiums angekommen war und die Zeit bis zum Abitur – drei Jahre! – mir unendlich lang vorkam. Dann bin ich zum Studium gegangen, das erste Jahr im Ausland schien endlos, die weiteren Jahre bis zum Abschluss auch. Aber ich wurde fertig und startete im Alter von 24 Jahren ins Berufsleben. Ich war angekommen. Mitten im Leben.

In dieser Zeit »mitten im Leben« – also von Mitte 20 bis Ende 30 – besiegelt manch einer die große Liebe mit einem Versprechen. Die Hochzeit ist quasi der Klassiker unter den Meilensteinen im Leben und meist das größte Fest, das im Leben gefeiert wird. Heute nehmen viele Paare einen Kredit auf, um ihre Hochzeit ganz nach ihren Wünschen feiern zu können. Und was da heute alles so dazugehört – unglaublich! Ich habe auf Hochzeiten schon Hüpfburgen und Animation für die Kinder erlebt, Oldtimer, mit denen das Paar vorfuhr oder eine Trauung auf einem Schiff oder im Heißluftballon. Es gibt nichts, was es nicht gibt – Grund genug, diesen Meilenstein ausführlich zu beleuchten. Denn beim Heiraten und Hochzeit feiern gibt es manches zu bedenken und vieles zu entdecken.

Wer in Deutschland, Österreich, der Schweiz und vielen anderen Ländern verheiratet sein will, muss die obligatorische Zivilehe schließen, also vor einem staatlich beauftragten Standesbeamten und nach entsprechenden Vorschriften des Bürgerlichen Gesetzbuches die Ehe eingehen. Dies wird mit den Unterschriften des Brautpaares und des Standesbeamten bestätigt. Grundsätzlich kann man sich in einem Standesamt seiner Wahl trauen lassen. Es gibt allerdings einige wenige Orte, die nur Einheimische zulassen.

Auch im Ausland kann man heiraten, allerdings braucht man in einigen Ländern ein Ehefähigkeitszeugnis, das man beim Standesamt des eigenen Wohnsitzes beantragen kann. In einigen Ländern genügen Reisepass und eine internationale Geburtsurkunde.

Bis 2008 durfte übrigens vor der standesamtlichen Trauung keine kirchliche Trauung vollzogen werden. Dieses Verbot ist vom Staat her zwar mittlerweile aufgehoben, in der evangelischen Kirche muss man trotzdem erst zivil heiraten, bevor man sich trauen lassen darf. In der katholischen Kirche gibt es Ausnahmen. Freie Trauungen kann man jederzeit zelebrieren.

Zahlen und Kurioses rund ums Heiraten

Alter: Frauen heirateten 2019 durchschnittlich im Alter von 32,1 Jahren, Männer mit 34,6 Jahren.
Antrag: 61% der Männer sagen, der Antrag sei Sache des Mannes. 55% der Frauen sagen das auch. 40% aller Heiratsanträge finden in den heimischen vier Wänden statt
Zahlen:
1950: 750.452 Eheschließungen
2018: 449.446 Eheschließungen
Kosten: Für Trauringe geben die meisten Paare zwischen 500 und 2000 Euro aus. Jedes dritte Paar investiert in die Verpflegung beim Fest mehr als 5.000 Euro. 60% aller Brautkleider kosten 500 – 2000 Euro. Die Gesamtkosten für eine Hochzeitsfeier sollten zwischen 2000 - 5000 Euro liegen, sagt ein Drittel aller Befragten. Wenn man die Zahlen addiert, merkt man: Hier gehen Wunsch und Wirklichkeit weit auseinander
Rekord: Victoria Swarovski, eine Erbin aus der österreichischen Kristall-Dynastie, heiratete 2017 in einem Kleid, das mit mehr als 500.000 Kristallen besetzt war, gut 45 Kilogramm wog, eine fünf Meter lange Schleppe hatte und rund eine Million Euro gekostet haben soll
Grund: 67% der Deutschen sagen, man solle aus Liebe heiraten
Wiederholungstäter: 90% aller Eheleute würden ihren jetzigen Ehepartner noch einmal heiraten

»Die Liebe ist so unproblematisch wie ein Fahrzeug. Problematisch sind nur die Lenker, die Fahrgäste und die Straße.«

Franz Kafka, 1883-1924, Schriftsteller, war nie verheiratet und galt als der »Junggeselle der Weltliteratur«

Scheidungen:
2018: 148.066 Ehescheidungen – Scheidungsquote 33%
Gründe:
38% Schlechte Angewohnheiten
34% Unterschiedliche Auffassung von Ordnung und Sauberkeit
26% Geldfragen
21% Die Eltern/Schwiegereltern
19% Kommentare beim Autofahren
Das verflixte 7. Jahr: Die meisten Scheidungen gibt's tatsächlich nach 7-8 Jahren – nach dem 7. Ehejahr nimmt die Scheidungsrate mit jedem Jahr deutlich ab

Als Trau-Frau gestalte ich jedes Jahr viele Hochzeitszeremonien. Viele Paare wünschen sich als Ergänzung zur standesamtlichen Trauung und als Auftakt zur großen Hochzeitsfeier eine Trauung. Wer nicht religiös verwurzelt ist und in diesem Rahmen eine Zeremonie feiert, entscheidet sich immer häufiger für eine Freie Trauung. Frei heißt dabei nicht zwingend, dass die Trauung unter freiem Himmel stattfinden muss. Das mögen viele, ist je nach Jahreszeit aber nicht unbedingt angebracht. Eine Freie Trauung zeichnet sich einfach dadurch aus, dass sie in jeder Hinsicht »frei« ist: Man kann tun und lassen, was einem gefällt und wo es einem gefällt. Oft sind traditionelle Elemente wie der Ringtausch, ein Eheversprechen oder sogar Fürbitten und gute Wünsche Elemente der Trauung. Beim Ort ist das Paar auch frei: Ob im Flugzeug, auf einer Almwiese, in einem Schlosssaal oder am Ufer der Adria – Hauptsache, es passt zum Brautpaar.

Die Paare, die ich traue, sind oft in ihren 30ern, manchmal aber auch viel jünger oder deutlich älter. Einig sind sie sich aber alle darin, dass sie ihre ganz besondere Verbindung mit dem Ritual der Trauung zelebrieren möchten. Und egal, ob sie schon lange ein Paar sind oder erst sehr kurz, sie bestätigen mir alle: Eine Hochzeit verändert etwas.

Aus der Erfahrungsschatzkiste

Gisela und Tobias über ihre Hochzeit nach 16 Jahren Beziehung
»Darum prüfe, wer sich ewig bindet« – tja, da wir beide schon jeweils eine nicht so ganz gelungene Ehe hinter uns hatten, war diese Empfehlung wohl bei uns beiden im Hinterkopf, und wir prüften dieses Mal etwas länger und umfangreicher, ob wir unser jeweiliges Herzblatt nun tatsächlich gefunden hatten. Schließlich wollten wir ja sicher sein, dass es dieses Mal ein »… und sie lebten glücklich und zufrieden bis ans Ende ihrer Tage« wird.

So kam es, dass wir in wilder Ehe mehrere berufsbedingte Umzüge gemeinsam durchführten, eine gemeinsame Altersvorsorge starteten, diverse berufsbegleitende Weiterbildungsmaßnamen erlebten, die wenig Zeit für Privatleben ließen, zwischenzeitlich ein Leben in Australien planten, und, nachdem der Traum vom Auswandern leider geplatzt war, 2017 eine gemeinsame Firma hier in Deutschland gründeten. Und mit den Jahren fühlte es sich irgendwie komisch an, wenn wir uns vorstellten als »meine Lebensgefährtin/mein Lebensgefährte«.

Nach dieser, zugegebener Maßen doch etwas lang geratenen Prüfungsphase, gab es nur noch eine kleine letzte Herausforderung: Nach einer solch umfassenden Prüfung mit unglaublich tollen und intensiven Momenten, die uns als Paar und unsere Liebe füreinander haben wachsen lassen, musste der Heiratsantrag natürlich etwas ganz Besonderes sein.

Mit dem Traum vom Auswandern nach Australien platzte leider auch der Plan, beim Silvesterfeuerwerk vor dem Opernhaus in Sydney auf die Knie zu gehen und um Giselas Hand anzuhalten. Aber glücklicherweise ergab sich ein kurzer Aufenthalt an den Niagarafällen in

> »Eine dauernde Bindung zu einer Frau
> ist nur möglich, wenn man im Theater über dasselbe lacht.
> Wenn man gemeinsam schweigen kann. Wenn man
> gemeinsam trauert. Sonst geht es schief.«
>
> Kurt Tucholsky, 1890-1935, Journalist und Schriftsteller, war zwei Mal verheiratet
> und hat darüber hinaus viele Beziehungen gehabt

Kanada. Ein Hotelzimmer mit Panoramafenster und direktem Blick auf diese imposanten Wasserfälle boten den passenden Rahmen, um Gisela nach 16 wundervollen Jahren endlich die Frage aller Fragen zu stellen.

Glücklicherweise sagte sie »Ja«, und wir konnten unsere Hochzeit planen. Schnell waren wir uns einig, dass wir die Hochzeitsfeier auf zwei Orte aufteilen wollten, die wir jeweils mit besonderen Erinnerungen verbinden. Nach der standesamtlichen Trauung in Bardolino am Gardasee hatten wir das Glück, dass wir von der weltbesten Trau-Frau in Bernried am Starnberger See getraut wurden.

Man mag sich jetzt natürlich fragen, wie es kommt, dass man nach 16 Jahren Beziehung in wilder Ehe doch noch ganz offiziell das Ja-Wort geben möchte: Nach so einer langen Zeit ändert sich doch gar nichts mehr. Für uns hat sich jedoch sehr viel verändert, mehr, als wir anfangs dachten. Die Eheringe, das Ja-Wort vor Familie und Freunden und auch Gottes Segen – all das hat unsere Beziehung nochmal spürbar aufgewertet. Damit hatten wir ehrlich gesagt selber nicht gerechnet. Dieses Eheversprechen hat unsere Beziehung noch intensiver und verbindlicher werden lassen. Umso mehr freuen wir uns heute darüber und genießen das Leben als Mann und Frau. Mit Stolz und Freude stellen wir uns nun als »mein Mann« und »meine Frau« vor.

Gisela und Tobias, beide Kinder der 60er-Jahre, leben in München und sind gerne an der frischen Luft unterwegs, beim Wandern, Schwimmen, Golfen oder einfach nur im Biergarten. Da sie nicht nur privat, sondern auch beruflich perfekt harmonieren, haben sie 2017 ihre gemeinsame Firma Magnify Innovation gegründet und nutzen ihren Spaß am kreativen Denken und ihre positive Grundhaltung und unterstützen Unternehmen bei der Gestaltung neuer innovativer Produkte und Leistungsangebote.

Aus der Erfahrungsschatzkiste

Christiane und Martin über ihre Hochzeit nach einem Jahr Beziehung
Unverhofft kommt oft! Wir beide, ursprünglich überzeugte Nicht-Heiratswillige, haben uns nach ein paar Chats über eine Dating-App zu unserem ersten Date getroffen – und es hat einfach Zoom gemacht! Wir verabredeten uns an einem heißen Sommerabend, an dem wir uns ganz spontan zu einer entspannten Gassirunde mit meinem (Christianes) Hund trafen. Von der ersten Sekunde an war zwischen uns eine unglaubliche Verbindung, riesige Sympathie und eine ungezwungene Vertrautheit. Es hat einfach alles gepasst. Erst als um Mitternacht die Kirchenglöcken läuteten, haben wir uns voneinander verabschiedet. Wir wussten beide: Es war das schönste Date unseres Lebens!

Innerhalb einer Woche sind wir dann auch schon zusammengezogen – und das, obwohl wir beide davon überzeugt waren, nie mehr mit jemandem zusammenziehen zu wollen. Nach drei Monaten Beziehung sind wir für zwei Wochen auf eine kleine Insel auf den Malediven geflogen. Einige unsere Freunde haben uns immer wieder damit aufgezogen, dass die Malediven ein typisches Flitterwochenziel wären. Und plötzlich sprachen wir tatsächlich über das Thema Hochzeit.

Es lässt sich nur schwer in Worte fassen, und auch wir haben es früher für romantisches Geschwätz gehalten, aber es ist wahr: Wenn du den richtigen Menschen gefunden hast, spürst du einfach tief in dir, dass genau er der richtige ist.

Natürlich war uns bewusst, dass wir die Entscheidung zu heiraten sehr schnell getroffen hatten. Aber zum einen waren wir uns sicher, dass uns tatsächlich erst der Tod trennen wird. Zum anderen dachten wir, dass eine Ehe nach zehn Jahren genauso gut schiefgehen kann wie nach einem Jahr Beziehung. Wir wollten auch vor dem Gesetz Mann und Frau sein – mit allen Rechten und Pflichten. Und es war uns wichtig, eine Familie zu sein, und einander das unwiderrufliche Versprechen zu geben, bedingungslos füreinander da zu sein, in guten wie in schlechten Zeiten. Es stand dann auch sehr schnell fest, dass wir unsere Liebe bei einer Sommerhochzeit mit all den Menschen, die uns wichtig sind, feiern wollten.

Einige Paare streiten oder trennen sich bereits während der Hochzeitsvorbereitungen, wir hingegen haben während der Planungsphase dreimal die bereits gebuchte Location gewechselt, und dann wurde weniger als drei Monate vor unserer Hochzeit das komplette Hochzeitswochenende inklusive standesamtlicher und freier

Trauung seitens des gebuchten Hotels abgesagt. Nicht einmal zu diesem Zeitpunkt haben wir uns auch nur eine Sekunde gestritten, sondern uns gegenseitig unterstützt, gemeinsam gekämpft und haben es geschafft, innerhalb weniger Wochen unsere Traumhochzeit in Österreich zu organisieren.

Das soll nicht heißen, dass es nicht auch mal bei uns kracht, ein Gewitter reinigt schließlich die Luft. Aber wir können nie lange streiten, und sobald etwas Wichtiges anliegt, ziehen wir an einem Strang und halten zusammen.

Im Nachhinein hätte uns nichts Besseres als die Absage des Hotels passieren können. Denn wir haben dadurch eine alternative Traum-Location in Salzburg hoch über dem Fuschlsee gefunden und dort die für uns perfekte Traumhochzeit gefeiert!

An einem Freitagnachmittag Ende Juli feierten wir zunächst eine wundervolle und überraschend emotionale standesamtliche Trauung im kleinen Kreis. Am Samstag war dann unser großer Tag: Eine unglaublich gefühlvolle, emotionale, tränenreiche und lustige freie Trauung mit Blick auf weite Wiesen, inmitten der Berge, bei der unsere Hündin die Ringe brachte und unsere Trauzeugen und Eltern Teil der Trauung waren. Uns war wichtig, dass wir uns bei ihnen für die Liebe, mit der sie uns großgezogen haben, bedanken und ihnen auch ganz viel Liebe zurückgeben. Gleichzeitig wollten wir ihnen zeigen, dass sie mit der Hochzeit nicht einen Sohn oder eine Tochter verlieren, sondern einen Schwiegersohn bzw. eine Schwiegertochter gewinnen.

Unsere Hochzeit war nicht der schönste Tag in unserem Leben, das wäre auch schlimm, da wir hoffentlich noch ganz viele schöne Tage erleben werden. Aber dieser Tag im Juli war der perfekte Start in ein wundervolles Eheleben. An diesem Wochenende durften wir unglaublich viele einzigartige Momente, Erinnerungen und Emotionen sammeln, die uns unser Leben lang begleiten werden.

Oft werden wir seitdem gefragt, wie das Eheleben schmeckt. Wir können aus vollem Herzen sagen: Es schmeckt wahnsinnig toll und wunderbar! Natürlich standen wir uns bereits als unverheiratetes Paar schon sehr nahe und liebten uns bedingungslos, dennoch haben sich durch unsere Hochzeit unsere Gefühle zueinander noch vertieft, und wir fühlen uns, als wären wir nun endgültig angekommen. Es ist ein unglaublich beruhigendes und erfüllendes Gefühl zu wissen, dass, egal, was das Leben für uns noch bereithält, wir unseren Hafen gefunden haben und dort immer jemand wartet, der zu uns hält, uns unterstützt, für uns da ist. Auch wenn sich die ganze Welt gegen uns stellen mag oder wir falsche Entscheidungen treffen: Wir haben jemanden, der mit uns gemeinsam durchs Leben geht, mit allen Höhen und Tiefen und bis an das Lebensende.

Christiane *(*1987) und* ***Martin*** *(*1989) lieben Reisen, ihre Tiere, die Berge, das Meer, die Natur, Wandern und gutes Essen. Die beiden leben mit zwei Katzen und einem Hund im mittelfränkischen Fürth. Sie arbeitet als Steuerberaterin, er als Feuerwehrmann bei der Berufsfeuerwehr.*

HOCHZEIT GEHT AUCH ANDERS

Die kulturelle Vielfalt um uns herum wird immer größer. Ich finde das bereichernd, aber manchmal habe ich einfach keine Ahnung, wie andere feiern. Ich ahne, dass es oft so ganz anders ist, als ich es aus unserer Tradition kenne und gewohnt bin. Und dieses »andere« führt zu so mancher Unsicherheit und Verständnislosigkeit. Ein guter Grund, über den eigenen Tellerrand zu schauen: Wie feiern eigentlich meine Nachbarn eine Hochzeit?

HOCHZEIT AUF MUSLIMISCH: JE MEHR GÄSTE DESTO BESSER

Ich wohne für Münchner Verhältnisse in einem ziemlichen Multikulti-Viertel. Und immer mal wieder bin ich am Wochenende zu Hause und frage mich, was vor der Tür los ist. Ich höre in der Ferne fremde Musik, die immer lauter wird, unserer Haustür also immer näher kommt. Irgendwann zieht dann eine Traube von Menschen an einem unserer Fenster vorbei und ich weiß: Es ist Hochzeits-Zeit. Von meinen muslimischen Nachbarn, deren genauen Hintergrund ich noch gar nicht kenne, habe ich gelernt, dass die Braut traditionell und mit viel Tamtam zu Hause abgeholt wird.

Tatsächlich unterscheiden sich die Hochzeitsbräuche bei Muslimen von Land zu Land. Grundsätzlich ist die Hochzeit aber ein sehr großes Fest mit sehr vielen, oft hunderten Gästen. Hauptakt ist die Erklärung des Brautpaares vor Zeugen, dass es diese Ehe schließen möchte. Als Zeugnis unterschreiben sie ein Schriftstück. Dieses wird auch vom Imam, dem islamischen Geistlichen, unterzeichnet, und auch die Familien des Brautpaares stimmen zu. Während der Hochzeitszeremonie werden besondere Zeilen aus dem Koran, dem islamischen heiligen Buch, vorgelesen, und es wird gebetet und ein Segen für das Brautpaar gesprochen. Wichtig ist auch das Brautgeld von oft mehreren Tausend Euro: Der Bräutigam hat damit für die Absicherung der Braut zu sorgen.

> »Einen Menschen lieben heißt, ihn so zu sehen, wie Gott ihn gemeint hat.«
>
> Marina Iwanowna Zwetajewa, 1892-1941, russische Lyrikerin

HOCHZEIT AUF JÜDISCH: SCHERBEN BRINGEN GLÜCK!

Auch für Juden ist die Hochzeit ein wichtiges Ereignis im Leben. In den meisten jüdischen Kulturen gelten Unverheiratete als »unvollkommene Menschen«, da sie dem göttlichen Gebot, durch Nachkommen den Fortbestand des Glaubens und der Gemeinschaft zu sichern, nicht folgen.

Die jüdische Hochzeit wird von einem Rabbiner geleitet. Das Brautpaar tritt unter einen verzierten Baldachin (»Chuppa«), der an die biblischen Zeiten erinnern soll, in denen das Volk Israel noch in Zelten wohnte. Der Rabbiner betet und segnet das Brautpaar. Es trinken außerdem beide Eheleute aus einem mit Wein gefüllten und gesegneten Ehe-Becher. Und es werden Ringe getauscht. Auch ein Ehevertrag gehört zur jüdischen Hochzeit; dieser regelt die Partnerschaft, wirtschaftlich auch bis über den Tod eines Ehepartners hinaus.

Am Ende dieser Zeremonie zertritt der Bräutigam traditionell ein Weinglas, das an die Zerstörung des Tempels in Jerusalem im Jahre 70 nach Christus erinnern soll. Es folgt ein rauschendes Fest mit viel Musik, Tanz und Gebeten. Das Brautpaar wird mit Reis und Walnüssen beworfen, beides Symbole der Fruchtbarkeit.

HOCHZEITSJUBILÄEN

1. Hochzeitstag: Papierne Hochzeit
Die Ehe ist noch recht unbeschrieben und eher dünn – wie Papier.

5. Hochzeitstag: Hölzerne Hochzeit
Holz steht für Stabilität und Beständigkeit – beides hat eine Ehe nach fünf Jahren meist gewonnen. Aber es muss auch noch an ihr gearbeitet werden, und dabei fallen auch einmal Späne, wie beim Holz.

10. Hochzeitstag: Rosenhochzeit
Rosen sind DAS Symbol der Liebe. Aber jede Rose hat Dornen – so wie jede Beziehung neben den schönen Blütezeiten auch Sorgen hat. Nach zehn Jahren weiß ein Paar allerdings mit den Dornen gut umzugehen.

12,5. Hochzeitstag: Petersilienhochzeit
Petersilie ist grün, würzig und schmeckt frisch am besten. So soll auch die Ehe weitergehen – das ist der Wunsch zu diesem Hochzeitstag.

15. Hochzeitstag: Gläserne Hochzeit
Glas ist zwar stabil, aber bei falschem Umgang auch sehr empfindlich. Nach 15 Jahren braucht eine Ehe gute Pflege, damit sie nicht zerbricht wie ein Glas, wenn es fällt. Daran erinnert dieser Hochzeitstag.

20. Hochzeitstag: Porzellanhochzeit
Porzellan ist ein sehr schönes und ansehnliches Material. Nach 20 Jahren Ehe gilt es, genau diese Schönheit zu feiern und sich auch bewusst zu machen, dass die Ehe immer noch zerbrechlich ist, auch wenn sie schon so lange hält.

25. Hochzeitstag: Silberhochzeit
Silber als Edelmetall ist ein Symbol für hohen Wert, Glanz und Beständigkeit. Genau das sind die Attribute einer Ehe nach 25 Jahren. Allerdings läuft Silber manchmal an und braucht eine ordentliche Politur; auch hieran wird bei der Silberhochzeit erinnert.

»Die Ehe ist wie ein Vollbad: Einlassen ist das Wichtigste. Wenn man sie immer warm hält, kann man es herrlich aushalten, bis man ganz schrumpelig ist.«

Online-Fundstück, Quelle unbekannt

30. Hochzeitstag: Perlenhochzeit
Perlen wachsen langsam, sie sind selten und haben einen hohen Wert; genauso wie eine Ehe, die 30 Jahre lang hält.

40. Hochzeitstag: Rubinhochzeit
Der Edelstein Rubin glänzt in tiefem Rot. Dies ist die Farbe der Liebe und wenn diese nach 40 Jahren noch glänzt, ist es Zeit für die Rubinhochzeit.

50. Hochzeitstag: Goldene Hochzeit
Gold ist sehr, sehr wertvoll und glänzend – genauso wie 50 Ehejahre, die immer gefeiert werden sollten.

55. Hochzeitstag: Platinhochzeit
Nach 55 Jahren kann man eine Ehe getrost als langlebig bezeichnen – so wie Platin, ein Material, das sehr haltbar und trotzdem gut zu bearbeiten ist. Beides sind Merkmale einer lange haltenden Ehebeziehung.

60. Hochzeitstag: Diamantene Hochzeit
Nach 60 Jahren Ehe ist die Beziehung an Stabilität, Festigkeit und Wert kaum mehr zu übertreffen. Der Diamant symbolisiert diese Merkmale.

65. Hochzeitstag: Eiserne Hochzeit
Eisen ist eines der widerstandsfähigsten Materialien. Wenn eine Ehe 65 Jahre lang hält, zeugt das von widerstandsfähigen Eheleuten, die vieles aushalten und sich nicht auseinanderbringen lassen. Auch wenn etwas Rost angesetzt hat, hält sie.

70. Hochzeitstag: Gnadenhochzeit
Wer so lange gemeinsam lebt, hat viel Gnade erlebt!

Aus meinem Leben

Wir haben die Rubinhochzeit meiner Eltern mit einer großen Überraschungsparty gefeiert. Aus allen Lebensphasen meiner Eltern haben wir Gäste eingeladen – es waren passenderweise letztlich um die 40. Als Geschenk hatten wir rubinrote Bettwäsche besorgt, die meine Eltern gerne aufziehen und sich dann immer daran erinnern, wie viele Jahre Ehe sie sich schon erkämpft haben. Demnächst werden wir wohl goldene Bettwäsche besorgen dürfen. Eine Idee, die sich ja auch auf andere Hochzeitsjubiläen übertragen lässt.

»Gnade heißt, Menschen zu lieben – so, wie sie sind, wo sie sind. Es bedeutet, Menschen zu lieben, bevor sie sich ändern, nicht erst danach.«

Mark Batterson, *1969, amerikanischer Pastor und Autor in
»All In: You Are One Decision Away From a Totally Different Life«, 2013

ZWEISAMKEIT IM ALLTAG

Mit diesem Buch möchte ich ja grundsätzlich Lust machen, die großen und die kleinen Meilensteine im Leben zu zelebrieren. Besonders in Beziehungen – ob freundschaftliche oder Liebesbeziehung – sind die kleinen Gesten so wichtig.

Klar, der erste gemeinsame Urlaub, die erste gemeinsame Wohnung, Verlobung, Hochzeit oder das erste Kind sind die großen Feste, die es zu feiern gilt. Aber wichtig für gelingende Beziehungen, in denen liebevolles Feuer brennt, sind die kleinen Gesten. Man nennt das heute »Mikro-Dating« – also lieber viele kleine Dates als nur die großen, die dann an Migräne oder dem kranken Kind scheitern und im Alltagstrubel für noch mehr Stress sorgen.

Wissenschaftler haben in Studien bestätigt, dass es diese kleinen aufmerksamen Alltagsmomente sind, die kurz- und langfristig für Zufriedenheit in der Beziehung sorgen. Wenn du also die gemütliche Tasse Kaffee am Morgen, die Dämmerstunde am frühen Abend oder den gemeinsamen Einkauf gemeinsam mit deinem Partner oder deiner Partnerin regelmäßig genüsslich zelebrierst, werdet ihr die Date-Night im Lieblingsrestaurant oder das Wellness-Wochenende umso mehr genießen können.

Mikro-Dating steht für den Sinn, die kleinen, oft auch kurzen Momente als Paar (oder auch als Freunde) zu feiern und zu genießen. Sich über den Tag auszutauschen, kurz innezuhalten und sich auf das zu konzentrieren, was das Gegenüber zu sagen hat, hält Paare und Freunde im Einklang. In diesen oft nur kurzen Momenten steckt eine große Kraft. Und spätestens wenn sich Kinder zu einer Paarbeziehung gesellen, sind diese Mikro-Momente ein Schatz im Alltag und der Kleber, der einander fest beisammenhält.

Tipp

Wenn die ersten Schmetterlinge weggeflogen sind

Bei der goldenen Hochzeit fragte der Teenager-Enkel seine Oma: »Sag, wie geht das: 50 Jahre mit ein und demselben Partner verheiratet sein?« Die Oma antwortete: »Weißt du, mein Junge, dein Opa und ich sind in einer Zeit groß geworden, da hat man die Dinge repariert, anstatt sie wegzuwerfen.«

Angesicht der aktuellen Scheidungszahlen erscheint mir die Aussage der Oma bewiesen: Wir schmeißen unsere Beziehungen heute lieber weg, statt sie zu reparieren. Dass wir nicht alles reparieren können, ist mir schon klar. Aber dass wir längst nicht alles zu entsorgen brauchen, was kaputt ist, ist doch auch eigentlich selbstverständlich.

Ich bin ein Kind von Rosamunde-Pilcher- und Hollywoodfilmen. Liebe halte ich für romantisch, verspielt und rosarot. Und das ist sie ja – auch. Liebe, egal, ob zur Familie, zu guten Freunden oder eben zur Lebenspartnerin oder zum Lebenspartner, ist aber auch so viel mehr: Sie ist eine Entscheidung füreinander, sie bedeutet viel Arbeit und ist unglaublich zeitintensiv. Wenn du das Gefühl hast, deine Beziehung habe an Tiefe und Nähe verloren, so gibt es viele kluge Ratgeber in allen Medien, die dich mit Tipps und Ideen für eine gelingende Partnerschaft beschenken. Oder du nimmst die Hilfe in Anspruch, die eine Paarberatung bieten kann. Es lohnt sich immer, zunächst einmal alles zu probieren.

Wertschätzung: Einfach mal die anderen feiern!

Bisher haben wir in diesem Buch das Feiern und Zelebrieren eher auf unser eigenes Leben und unsere ganz persönlichen Meilensteine bezogen. Wie wäre es, den Blick kurz mal auf andere zu richten? Anderen Menschen gegenüber Wertschätzung auszudrücken heißt nichts anderes, als sie selbst, ihre Taten, Worte oder ihren Erfolg zu feiern. Und das sollten wir so oft wie möglich tun, denn es stärkt jegliche Art von Beziehung und verbreitet gute Stimmung.

Mir begegnen immer wieder Menschen, die Wertschätzung in besonderer Weise leben, anderen erlebbar machen und mir Ansporn sind, in dieser Sache besser zu werden. Der Unternehmer Titus Lindl ist einer von ihnen. Wie man in einem Unternehmen Rituale der Wertschätzung feiern kann? Geht ganz einfach!

»Die Wertschätzung sticht als Wunderwaffe heraus,
weil sie – im Gegensatz zu allen anderen Waffen – nicht zerstört,
sondern aufbaut, wachsen lässt und vermehrt.«

Tim Niedernolte, *1978, Moderator und Autor, in seinem Buch »Wunderwaffe Wertschätzung«

Aus der Erfahrungsschatzkiste

Als Unternehmer Meilensteine feiern

Es gibt kaum etwas Schöneres im geschäftlichen Alltag als das Erreichen von gesteckten Zielen, das Fertigstellen eines Produktes oder das Gewinnen eines großen Kunden. Doch viele Führungskräfte und Unternehmer sehen das als etwas Selbstverständliches an, das keiner besonderen Würdigung bedarf. Als etwas, was ja im Arbeitsvertrag festgeschrieben wurde und was das Mindeste ist, was zu erwarten war. Ganz nach dem Motto: »Nichts gesagt ist gelobt genug" verpassen sie die besondere Gelegenheit, ihrem Mitarbeiter, ihrem Team und ihrem Unternehmen etwas wirklich Gutes zu tun.

Denn emotional intensive Momente brennen sich förmlich in unser episodisches (oder auch autobiografisches) Gedächtnis ein. Angenehme und unangenehme Erfahrungen, die uns mittelbar und unmittelbar betreffen, werden hier abgespeichert; es ist der Teil unseres Langzeitgedächtnisses, aus dem unsere Persönlichkeit mitgeformt wird. Der 11. September, unsere erste Beförderung, die Geburt eines Kindes, … all diese Erinnerungen werden mit zukünftigen Entscheidungen in Verbindung gebracht und formen so unser weiteres Verhalten.

Es ist ganz wichtig, wofür ich als Führungskraft Wertschätzung gebe. Wir bei Wegvisor feiern nicht nur den Erfolg, sondern vor allem die Haltung, die zum Erfolg geführt hat. Unsere Haltung – das Herz hinter dem Handeln – bestimmt unser Verhalten. Erfolg heißt bei uns, dass die Ernte folgt. Deshalb können auch Misserfolge wertvolle Meilensteine sein, weil sie wichtige Lernmomente im Leben unserer Mitarbeiter sind.

Ich erinnere mich noch gut an eine neue Mitarbeiterin, die die drei größten Fehler gleich in der ersten Woche machte. Am Montag darauf schenkten wir ihr eine Flasche Piccolo und beglückwünschten sie dazu, dass sie diese drei Fehler so schnell hinter sich gebracht hatte wie kein anderer zuvor. Wie zu erwarten, machte sie diese Fehler nie wieder.

Das Feiern als eine Form der Wertschätzung meiner Mitarbeiter hat also den positiven Effekt, dass ich mitpräge, wie die Person sich in meinem Unternehmen wahrnimmt, positioniert und einbringt.

Durch die Anerkennung der Leistungen und das gemeinsame Feiern wird Energie freigesetzt, die neuen Schwung in die Arbeit einer Person oder eines ganzen Teams bringen kann. Feiern ist einfach Teil des Lebens. Es ist gesund für die Seele und darf auch im Berufsalltag seinen Platz finden. Wir intensivieren die positiven Momente, belohnen uns als Team für unseren Einsatz und genießen den erreichten Erfolg.

Titus Lindl, *1980, ist Gründer von WEGVISOR. Mit seiner ersten Firma sammelte er umfassende internationale Erfahrungen im Management und in der Führung. Mittlerweile konzentriert er sich auf seine Leidenschaft, Menschen und Organisationen auf dem Weg zu ihrer Vision zu begleiten. In seinem Ehrenamt als Pastor unterstützt er Menschen dabei, ihre Berufung zu entdecken und ihr Potential zu entfalten. Er ist verheiratet und leidenschaftlicher Tänzer.

BUCHTIPPS:
»Die 5 Sprachen der Mitarbeitermotivation« von Gary Chapman und Paul White, Francke-Buchhandlung, 2015.

»Wunderwaffe Wertschätzung« von Tim Niedernolte, adeo Verlag, 2019.

Überraschung für die werdende Mama

So eine Babyparty ist eine Feier zu Ehren der Mama. Als Freundinnen und Freunde (ja, manchmal sind auch Männer dabei!) zeigt man einfach, wie sehr man sich mitfreut auf den kleinen Menschen, der da heranwächst. Das kannte ich von meinen amerikanischen Freundinnen, die jede ihrer Schwangerschaften mit einer bunten Baby-Shower zelebrierten. In Amerika werden diese Partys schon seit dem 19. Jahrhundert gefeiert. Am meisten Spaß macht es, wenn du eine Babyparty mit ein paar anderen organisierst – denn gemeinsam hat man die besten Ideen. Jemanden aus der Familie der werdenden Mama mit einzuspannen ist hilfreich, um besondere Vorlieben und vor allem ein paar Details aus der Geschichte der Mama herauszufinden. Und natürlich, um einen Termin abzustimmen.

Aus meinem Leben

Im November 2012 wurde mein erstes Patenkind Elisa geboren. Die Ärzte hatten der Mama Katrin und ihrem Mann eigentlich verkündet, dass sie mit ziemlicher Sicherheit auf natürlichem Weg keine leiblichen Kinder würden haben können. Doch nun war sie schwanger, und wir als ihre Freunde fanden: Diese Kugel, die Mama und das Baby, das bald geboren werden sollte, müssen doch schon mal gefeiert werden! Also organisierten wir eine Babyparty.

Wir überraschten Katrin an einem Oktoberabend 2012. Ihre Mutter und ihre Schwester waren unsere Verbündeten in der Planung und brachten die völlig überraschte Hochschwangere in unsere Wohnung. Alle, die dabei waren, hatten sich Kissen oder Luftballons unters Shirt geschoben, um mit der Kugel der werdenden Mama zu sympathisieren. Schon allein das war so lustig! Als alle da waren, gab es erst einmal ein gutes Essen und leckere (und natürlich ganz gesunde) Snacks.

Im weiteren Verlauf des Abends checkten wir das Baby-Wissen von uns allen anhand eines kreativen Quiz, das auch aufdeckte, wie Katrin selbst als Baby so war. Außerdem bastelten wir bunte Papierblumen, auf die jede von uns gute Wünsche fürs Baby schrieb. Diese Blumengirlande hing dann später lange im Zimmer der kleinen Elisa.

Tipp

Baby-Moon: Vorerst letzte Zweisamkeit

Bis vor wenigen Jahren verstand man unter »Baby-Moon« noch die liebevolle Kuschelzeit während des Wochenbetts – also die Tage nach der Geburt. Mittlerweile haben findige Marketing-Leute der Reisebranche diesen Begriff übernommen und nutzen ihn für die Zeit vor der Geburt: Sie locken werdende Eltern mit dem Angebot, sich nochmals Zeit für exklusive Zweisamkeit zu nehmen. Kompakte Geburtsvorbereitungs- und Wickelkurse gehören dann genauso zum Paket der Anbieter wie romantische Candlelight-Dinner, Partnermassagen und Babybauch-Fotoshootings. Abgesehen vom marktwirtschaftlichen Gedanken finde ich diese Idee ziemlich gut. Ob das in einem schicken Hotel ist, beim »Glamping« oder einfach zu Hause: Sich nochmals Zeit zu zweit zu gönnen, bevor diese für die nächsten Jahre sehr rar werden wird, ist sicherlich sehr wohltuend.

Wenn etwas im Leben fehlt

Wenn wir mitten im Leben stehen, gibt es bei aller Freude und all den schönen Dingen und Ereignissen ja auch diese dunkleren Schattenseiten. Dinge, die fehlen. Ereignisse, die auf sich warten lassen. Menschen, die gehen. Vieles, das wir anders erwartet hätten. Momente, in denen die Trauer einsetzt.

Trauer gehört für die meisten von uns – wenn überhaupt – zum Thema Tod. Dabei ist Trauer ein ständiger Begleiter unseres Lebens. Ich finde es wichtig, auch für diese Meilensteine im Leben – die schmerzhaften, schweren, unliebsamen und traurigen – Rituale zu finden. Denn nur wenn ich auch diese zelebriere – dann wohl eher nicht fröhlich, sondern leise und bedacht –, habe ich mein ganzes Leben im Sinn und damit die Chance, das Schöne als noch schöner wahrzunehmen und zu feiern.

Trauer gehört zu unseren menschlichen Grundemotionen, also den Gefühlen, die in jeder und jedem von Geburt an angelegt sind. Trauer ist die natürliche Reaktion auf jede Art von Verlust und Ausfall. Was mir fehlt, weil ich es verloren habe oder nie hatte, tut weh.

Ich als Singlefrau trauere manches Mal um meinen nicht vorhandenen Partner. Und um eigene Kinder. Oft trauere ich verpassten Chancen hinterher oder dem Essen, das ich nicht bestellt habe, das bei meinem Tischnachbarn aber köstlich aussieht. Trauer ist vielschichtig, individuell, nicht messbar und darf niemals bewertet werden. Was ich als traurig empfinde, kann dir völlig albern erscheinen. Das macht nichts. Wichtig ist, dass wir einander ernst nehmen, zuhören und den anderen er oder sie selbst sein lassen.

ÜBER DEN UNERFÜLLTEN KINDERWUNSCH

Ich habe mittlerweile einige Paare in meinem Bekanntenkreis, die ungewollt kinderlos sind. »Wir sind nur einen Schritt weiter als du, Tina« sagte mir mal eines davon. Wie sehr das stimmt, beschreiben Esther und Stephan. Sie sprechen damit auch mir als Singlefrau aus der Seele, denn ich bin ja auch ungewollt kinderlos. Ihre Art zu trauern und ihr Ritual, sich von ihren nicht geborenen Kindern zu verabschieden, inspirieren mich, mit meinem unerfüllten Kinderwunsch auch liebevoll umzugehen.

Aus der Erfahrungsschatzkiste

Wir sind kinderlos
Es ist unsere medizinisch bestätigte traurige Gewissheit, dass wir keine eigenen, leiblichen Kinder haben werden. Anfangs antworteten wir auf die Frage nach unserer gewünschten Anzahl von Kindern scherzhaft mit »zwölf«. Wir mochten diese Zurufe von der Seitenlinie nie. Unsere Familien und Freunde wissen, wie sehr wir Kinder lieben und wie sehr wir gerne eigene, leibliche hätten. Und wir beide sahen und sehen im anderen die geeignete Mama und den tollen Papa. Trotz Studium und Jobs waren unsere Kinder uns stets willkommen. Aber sie kamen nicht und werden nie kommen. Nachdem wir die Frage medizinisch untersuchen ließen, wurden wir darüber von einer Ärztin beinahe nebenbei und kaum einfühlsam informiert.

Esther: »Ich empfand das als dramatisch, es war einfach so ein enorm unpassender Moment. Ohne auf unsere Gefühle einzugehen, ging die Ärztin wie selbstverständlich dazu über, uns die alternativen Lösungen unseres Kinderwunsches aufzuzeigen, denen wir teils medizinisch oder ethisch nicht zustimmen mochten. Ich dachte, dass sie mich jetzt zu irgendetwas überreden will.«

Stephan: »Wir hatten es ja schon vorher vermutet, aber die amtliche Bestätigung ist dann doch ein leidvoller Moment, auch weil ich so eine Art und Weise nicht von einer Ärztin erwartet hätte, die diese Situation alltäglich behandelt.«

Esther: »Die Diagnose machte viel mit mir als Frau. Es kamen diese existenziellen Fragen: ›Was ist der Sinn meiner Weiblichkeit und unserer Ehe, wenn es kein sichtbares Outcome gibt?‹, ›Was ist mein Wert?‹, ›Woher bekomme ich Hilfe?‹ In den ersten Tagen und Wochen bin ich in ein tiefes Loch gefallen. Mir fiel es schwer, über etwas nicht Dagewesenes zu trauern. Im Internet fand ich nur Geschichten über Paare, die sich nach einer solchen Diagnose trennten oder medizinisch nachhalfen, aber keine, bei denen es einfach offenblieb, einfach sein durfte, wie es nun einmal war, auch ohne ein Happy End. Das gemeinsame Trauern fehlte Stephan und mir zunächst, ich wusste nicht, wo mein Mann steht, ob es ihn überhaupt betrifft oder ob ich nun damit allein klarkommen muss.«

Stephan: »Ich habe sehr wohl mit Esther getrauert, und ich habe erlebt, wie sie sich zurückzog. Sie brauchte offensichtlich Abstand, auch von mir, und auf Anraten ihres Hausarztes ließ sie sich krankschreiben und fuhr zu Freunden, um dort einfach mal raus aus allem zu sein. Eine gemeinsame Aufarbeitung kam bei uns erst nach Monaten. Ich bin froh, dass unsere Ehe das überstanden hat. Wir haben mittlerweile sehr unterschiedliche Trauerphasen durchgemacht. Mir haben praktisch nur die vertrautesten meiner Freunde geholfen. Bei einem Zigarillo haben sie es geschafft, eine tiefere Ebene als alle anderen Gesprächspartner anzusprechen, und ich habe mich wahrgenommen gefühlt. Am meisten hat Esther und mir ein Gespräch mit einem anderen betroffenen Paar geholfen.

Bis heute, und vermutlich auch noch unser Leben lang, erleben wir kurze Momente, in denen unser Thema sich von allein meldet: in der Weihnachtszeit oder bei Familienfesten. Wir merken: Uns fehlen die üblichen Lebensmarker. Wir altern ohne Nachkommen. Und die Frage ist, ob ich nur dann ein Mensch bin, der ein gutes Leben gelebt hat, wenn ich Kinder hervorgebracht habe. Das ist ein gesellschaftlicher, biologischer und ja, auch biblischer Wert. Aber mir hat es geholfen, ein größeres Bild zu zeichnen, einen noch höheren Wert zu finden, eine Vision für mein Leben.«

Esther: »Ich habe in dieser Zeit die biblischen Psalmen für mich entdeckt: sie gelesen und kreativ gestaltet, ihre Tiefe entdeckt, mit ihnen Kämpfe gekämpft und sie auf mein Leben angewandt. Ich habe auf diese Weise meinen Wert in Gott gefunden statt im Kinderkriegen.«

In einem unserer vielen Seelsorgegespräche kam der Vorschlag, den Kinderwunsch in Form von Luftballons zu verabschieden. Wir kauften uns also zwölf Luftballons, schrieben die Wunschnamen unserer Kinder darauf und ließen jeden Tag einen steigen. Es war der Abschied von Schwangerschaft, vom Stillen und von allen anderen Etappen des Elternseins. All das hielten wir in einem Trauerheft fest. Es ist so wichtig, das Leid nicht wegzuschieben. Es gibt so viel zu entdecken im Tal der Trauer.

Recht schnell kommen heute beim Thema Kinderlosigkeit Hinweise auf Alternativen. Sei es von Ärzten, von Freunden oder einfach nur ohne nachzudenken, von irgendwem dahergeredet. Sie kamen für uns oft zu früh, denn in der Trauer waren »medizinisches Nachhelfen« oder »Adoption« noch nicht die Themen, die wir brauchten. Wir glaubten, dass diese anderen Arten, Eltern zu werden, unsere Sehnsucht nicht beantworten können.

Wir haben mittlerweile gelernt, die Vorzüge unserer Lebenssituation zu genießen. Wir müssen nicht sparsam leben und dürfen in Urlaub fahren, wohin wir wollen. Wir dürfen Kindern von Freunden allen Unsinn beibringen, ohne die Konsequenzen tragen zu müssen. Dafür fehlt uns in manchen Momenten ein süßes Kinderlachen oder ein Teenager mit Liebeskummer.

Viele Freunde lassen uns an ihrem Familienleben teilhaben. Wir dürfen viel mit ihren Kindern erleben. Manche waren so aufmerksam, uns als Erste von ihrer Schwangerschaft zu erzählen, damit wir es nicht auf anderen Wegen erfahren. Wir leben ein offenes Haus, haben viele Kinder und Teenager zu Besuch, was auch Stephans Job als Pastor für die junge Generation mit sich bringt. Wir genießen es, mit Kindern und Jugendlichen Zeit zu verbringen und ihnen zumindest in Facetten ein verantwortungsvolles Gegenüber zu sein. Wissend, dass allem eine Grenze gesteckt ist.

In unserer Kirchengemeinde haben wir unsere Situation offen erklärt, um Gerüchte gar nicht erst aufkommen zu lassen. Wenn Kinder uns fragen, ist uns das nicht peinlich. Das wird es nur, wenn Zurufe vom Seitenrand kommen: »Ach, bei mir hat es auch erst mit dem zweiten Partner geklappt« oder »Ein Kind auf dem Arm steht dir aber gut!« Wir haben die Erfahrung gemacht, dass Freunde und Familie sehr sensibel und hilfreich reagiert haben und dafür sind wir sehr dankbar.

Esther (*1983) arbeitet als Haupt- und Realschullehrerin und Stephan (*1982) als Pastor mit Schwerpunkt »Junge Generation«. Sie leben in Kassel, lieben es, wenn das Haus voll ist und sie eine gute Zeit mit Freunden haben. Außerdem lieben sie Reisen, die Restaurantdichte in ihrer Stadt und ihre Kirchengemeinde.

MOMENTE, IN DENEN TRAUER GERNE ZUSCHLÄGT

Jobverlust: Wer schon einmal einen Termin beim Arbeitsamt hatte, weiß, wovon ich schreibe: Den Job zu verlieren oder sich im Status »arbeitssuchend« oder »arbeitslos« wiederzufinden ist schmerzhaft. Vielleicht hat man es sogar gewollt – aber dass die Suche eines neuen Jobs so lange dauern kann, hat man unterschätzt. Hier braucht es viel Geduld, Ehrlichkeit mit sich selbst (jede Absage kratzt am eigenen Ego!), Ermutiger und letztlich auch viel Disziplin in Sachen Bewerbungen, Initiative und Netzwerk-Knüpfen.

Insolvenz: Wenn das eigene Unternehmen, so klein oder groß es auch sein mag, wirtschaftlich am Ende ist, braucht es auch einen Trauer- und Abschiedsprozess. Je länger das eigene Unternehmen gelebt hat – vielleicht hast du es als Familienunternehmen mit langer Tradition weitergeführt –, desto schmerzhafter und schwieriger ist der Abschied. Neben allen wirtschaftlichen Dimensionen sind da meist auch Gefühle des Scheiterns, und die wollen gesehen werden. Nimm dir Zeit und lass dich unterstützen! Und vielleicht wirst du dann eine kleine Beerdigung feiern als Ritual, dich von deinem gestorbenen Unternehmen zu verabschieden.

Midlife-Crisis: Laut Duden eine »krisenhafte Phase in der Mitte des Lebens, in der jemand sein bisheriges Leben kritisch überdenkt, gefühlsmäßig in Zweifel zieht; Krise des Übergangs vom verbrachten zum verbleibenden Leben«. Diese Krise kann sehr lange andauern und sehr schmerzhaft und anstrengend sein. Hier lohnt es, sich Hilfe zu holen. Zwischen Gesprächen mit guten Freunden und einer Therapie gibt es ein weites Feld an Unterstützungsmöglichkeiten, die du nutzen kannst, um eine neue Perspektive zu gewinnen.

Krankheit: Wenn du eine medizinische Diagnose bekommst, die dein Leben auf den Kopf stellt, und du dich zum Beispiel von sprühender Energie, einem langen Leben oder Schmerzfreiheit verabschieden musst, ist das ein harter Schlag. Manche Krankheit bleibt »nur« auf Zeit, manch eine für den Rest des Lebens. Die eine Krankheit ist »nur« ein Dieb, die andere ist ein echter Mörder. Doch nach einer Phase des »Den-Kopf-in-den-Sand-stecken-Wollens« kommt auch wieder die Phase, in der du dein Leben gestalten willst. Dieser Mut gibt dir hoffentlich die Kraft, die positiven Dinge zu würdigen. Hier ein paar Vorschläge:

Tipp

Die Diagnose feiern: Manchmal leiden wir lange, bis wir wissen, was los ist. Wenn wir es dann wissen, kann das echt erleichternd sein. Und diese Erleichterung können wir feiern – auch wenn die Diagnose ein harter Schlag ist.

Schritte feiern: Vom Rollstuhl an den Gehwagen, die ersten Schritte mit Krücken oder ganz ohne Hilfsmittel, statt Brei wieder feste Nahrung, die Fäden sind gezogen, der Gips ist ab, die Schrauben und Metallplatten sind wieder draußen, der erste Behandlungsblock ist überstanden – wer will, erkennt auch in den schwierigsten Situationen die Schritte, die bereits geschafft sind. Vergiss nicht, diese zu würdigen.

Das Mögliche feiern: Krankheit und Verletzungen ändern vieles im Leben, manchmal für den Rest des Lebens. Versuche, mutig auf das zu blicken, was noch/wieder/trotzdem geht – und zelebriere das. Dein Gemüt wird es dir mit einer Flut von positiven Gefühlen danken.

Helfer feiern: Es gibt eine Menge Menschen, die dir in Krankheitszeiten zur Seite stehen – auf jeden Fall medizinisches und pflegerisches Personal, hoffentlich aber auch Angehörige und Freunde. Feiere ihren Einsatz für dich, beschenke sie mit Dankbarkeit, und du beschenkst dich selbst gleich mit.

Das Leben feiern: Oftmals öffnen Krankheit und Verletzungen die Augen für das, was wirklich wichtig ist im Leben. Und allein das – also das Leben selbst mit all seinen Facetten – ist doch ein Fest wert.

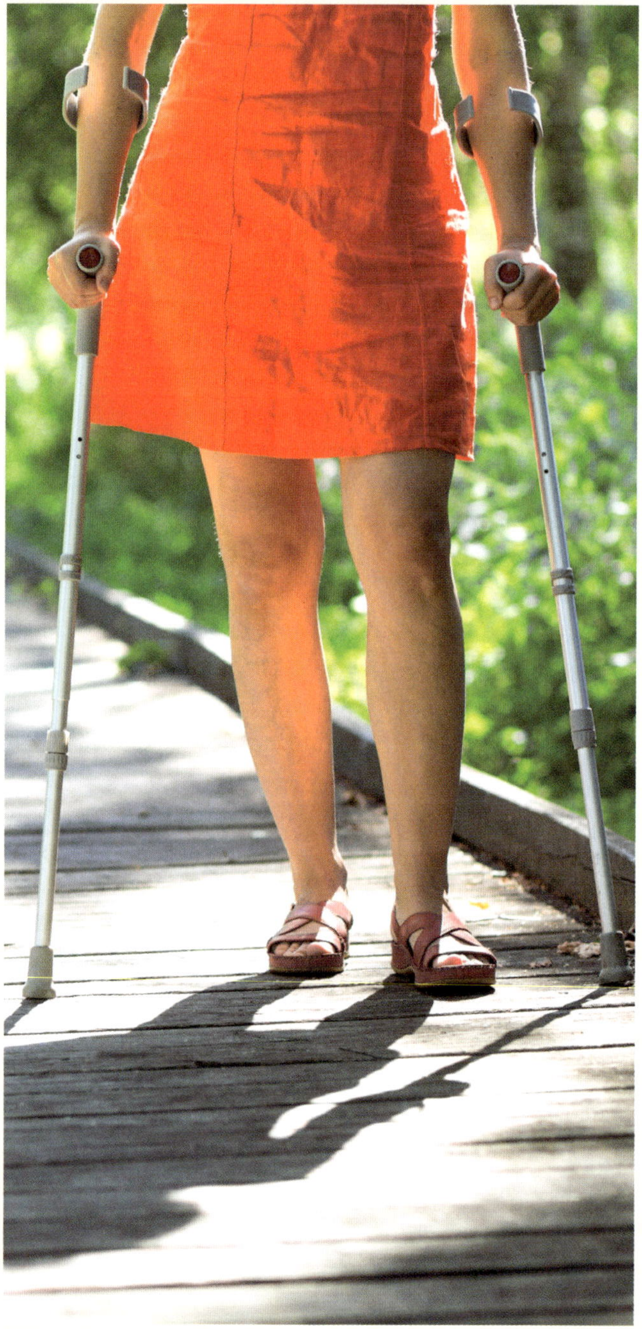

Trennung und Scheidung: Wenn der Partner oder die Partnerin geht oder du selbst eine Beziehung beendest, braucht es eine Phase der Trauer und des Abschiednehmens. Mancherorts werden auch Scheidungspartys gefeiert, nach dem Motto »Endlich wieder frei!«. So viele Menschen es gibt, so viele Arten gibt es, mit Trauer umzugehen.

Empty-Nest-Syndrom: So wird es genannt, wenn Eltern die Krise kriegen, sobald alle Kinder aus dem Haus sind. Statt »endlich wieder zu zweit«, kehren bei vielen Einsamkeit und Sinnsuche ein. »Es ist normal, dass Kinder ihre Eltern verlassen, aber das heißt nicht, dass es nicht wehtun darf«, schreibt eine Psychotherapeutin in einem Zeitungsbericht zu dem Thema. Also: Schmerz zulassen, die frei gewordene Zeit und Ressourcen für neue Projekte nutzen und gute Beziehung zu den Kindern pflegen. Besonders wichtig ist es, mit dem Partner oder der Partnerin über all das zu sprechen. Immer wieder.

Rentenbeginn: Im Berufsjargon heißt es »Offboarding« oder »Outboarding« und meint die Beendigung des beruflichen Lebensabschnitts. Besonders hart wird der Übergang, wenn dein Beruf für dich Leidenschaft und Lebenssinn ist. Je mehr du dir dies bewusst machst und den Einstieg in den neuen Lebensabschnitt gezielt planst und gestaltest, desto einfacher wird es. Tipps dazu findest du quasi überall. Begib dich am besten rechtzeitig auf die Suche.

Singlesein: Ich bin schon immer Single. Nicht überzeugt und nicht entschieden, aber tatsächlich sehr glücklich. Vor einigen Jahren habe ich trotzdem ein Buch übers Singlesein geschrieben und darin all die Miesmacher meines Singlelebens notiert – und beschrieben, wie ich sie zu Mutmachern mache. Ich weiß, wie schwer das Singlesein für viele ist. Egal, ob du glücklich bist oder eher traurig – ich habe dir einen Brief geschrieben, von Single zu Single:

Lieber Single!

Wir sind ein Einzelstück. Ja, so eines wie auf der Resterampe. Der einzelne Schlüpfer, den niemand haben will. Der Socken, dessen Partner unauffindbar ist. So fühlt es sich oft an. Da fehlt einfach was. Und wir sind genauso dieses wertvolle Einzelstück! Das, das es nur einmal gibt. Besonders. Ein Unikat. So fühlt es sich auch oft an, oder etwa nicht?

Singlesein wird ja erst ab Anfang, Mitte 30 wirklich schmerzhaft, ist meine Erfahrung. Bis dahin habe ich immer gedacht: »Ach, das wird bei dir schon auch noch was mit 'nem tollen Mann!« Und irgendwann sind alle in Beziehung, heiraten vielleicht, bekommen Kinder – und ich?! Was ist mit mir? Was mache ich falsch? Warum will mich niemand? Warum laufen alle meine Avancen ins Leere?

Ich habe in den vergangenen Jahren gelernt – oder besser gesagt: mir langwierig beigebracht! –, beide Seiten zu sehen: Die schlechten und die guten. Das, was mir fehlt, *weil* ich ledig bin, und das, was ich habe, *weil* ich ledig bin. Mein Trick – und mein Tipp an dich: Nutze für deine ehrliche Analyse ein Kontoheft, mit Soll- *und* Haben-Seite. Auf der Soll-Seite stehen, wie damals im Sparbuch, die roten Zahlen: Was fehlt? Was kann und was habe ich nicht, weil ich Single bin? Was nervt mich, stört mich, schmerzt mich? Jammere, trauere, sei stocksauer, boxe ins Kissen und vergieße Tränen! Und dann sei mutig und schau ganz ehrlich auf die andere Seite: Was ist dir möglich, *weil* du Single bist? Was kannst du tun und lassen? Was hast du, was andere nicht haben? Ich stelle immer wieder fest: Das ist eine Menge.

Mir tut übrigens der Kontakt zu Freunden in Partnerschaften und Ehen und mit Kindern dabei sehr gut, das ist immer wieder mein sanfter Augenöffner. Denn da sehe ich zum einen, wie schön diese Art von Leben ist. Ehepartner sind was Tolles! Kinder sind was Wundervolles! Und ich sehe, wie anstrengend und nervenaufreibend das ist. Ehepartner können nerven bis zum Gehtnichtmehr – Kinder erst recht. Und so ehrlich will ich mit mir sein: Ja, mir fehlt was. Vielleicht auch eine Menge, je nach Betrachtungsweise. Und ja, ich habe was, auch eine ganze Menge! Und weißt du was? Darum beneiden mich Paar- und Familienleute oft sehr.

Mach es anders: Sei nicht neidisch. Sondern feiere das Leben – dein eigenes, und das von Freunden. Schau nicht argwöhnisch auf die, die das haben, was du gerne hättest. Ihnen geht es vermutlich genauso mit ihrem Blick auf dich. Lass uns einander anfeuern, denn das macht uns letztlich alle ein ganzes Stück glücklicher!

BUCHTIPP:
»Einzelstück. Solo leben. Und zwar glücklich.« von Tina Tschage, SCM Hänssler, 2015.

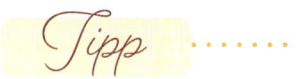

Selbsttest
Schau doch mal mutig das Kontoheft deines Lebens an. Was steht auf deiner Soll-, was auf deiner Haben-Seite? Was also hast du und feierst du, was fehlt dir und du betrauerst es?

Idee
Einen Brief zu schreiben kann ein sehr hilfreiches Trauerritual sein, egal, um welche Form der Trauer es geht. Darin alles das aufzuschreiben, was dich bewegt und was du verabschieden musst, ist eine Form des Loslassens. Vielleicht gibt es sogar jemanden, an den du deinen Brief gerne richten möchtest, auch wenn du ihn vermutlich nie abschicken wirst.

»Es gibt erfülltes Leben trotz vieler unerfüllter Wünsche.«

Dietrich Bonhoeffer, 1906-1945, evangelischer Theologe und Widerstandskämpfer während des Dritten Reiches

Soll

Haben

WAS TRAUERNDEN WIRKLICH HILFT (TEIL 1)

*Esther & Stephan, *1983/*1982,
die sich sehnlichst ein eigenes Kind wünschen*

Was hilft mir in meiner Trauer am meisten?
Freunde, die wissen, wovon sie sprechen, die Ähnliches durchlebt haben und in den Tälern des Lebens nicht immer eine Antwort haben, sondern einfach Leben mit uns teilen.

Was wünsche ich mir von anderen?
Wir wünschen uns, dass uns unser Gegenüber mit Offenheit, Respekt, ehrlichem Mitgefühl und Zeit begegnet.

*Peter, *1980, Single,
würde gerne in fester Partnerschaft leben*

Was hilft mir in meiner Trauer am meisten?
Ich versuche, ehrlich mit mir zu sein. Und lasse auch die Traurigkeit über meinen Beziehungsstatus zu. Aber das ist nicht so einfach, weil dann von anderen immer nur so was kommt wie »Du findest auch noch deinen Deckel!« – verbunden mit einem kräftigen Schulterklopfer. Das führt mich dann wieder in diesen Dating-Aktionismus, der aber irgendwie auch zu nichts führt.

Was wünsche ich mir von anderen?
Ehrliches Mitgefühl! Singlesein ist oft einfach ätzend. Man hat das Gefühl, was falsch zu machen oder nicht genug zu sein. Wenn die Verwandtschaft oder die Freunde dann immer wieder hämisch fragen, ob man nicht mal jemanden mitbringen würde, nervt das. Lasst diese Fragerei doch einfach! Ihr werdet es schon nicht verpassen, wenn ich jemanden an meiner Seite habe.

*Jule, *1957, wurde von ihrem Ehemann betrogen,
woraufhin sie sich von ihm trennte*

Was hilft mir in meiner Trauer am meisten?
Geholfen haben mir der Glaube daran, dass Gott einen Weg für mich hat, meine Kinder – die Verantwortung für sie hat mich weitermachen lassen –, eine sehr verständnisvolle Psychotherapeutin und, ja auch, dass die Beziehung mit der Frau, für die sich mein Mann dann entschieden hatte, nach einigen Jahren auch zu Ende ging.

Was wünsche ich mir von anderen?
Ich hätte mir damals mehr Unterstützung und Akzeptanz meiner Entscheidung von Familie und Kirchengemeinde gewünscht. Und von meinem Ex mehr Interesse an der Entwicklung der Kinder und besseren und häufigeren Kontakt zu ihnen, auch heute noch, wo alle drei schon erwachsen sind.

Die Kraft der Stehauf-Menschen

»Resilienz ist die Fähigkeit von Menschen, Krisen im Lebenszyklus unter Rückgriff auf persönliche und sozial vermittelte Ressourcen zu meistern und als Anlass für persönliche Entwicklung zu nutzen« (Monika Gruhl). Je nachdem, wen man fragt und was man liest, gehören zur Resilienz sieben Säulen, oder man muss neun Schritte tun oder zwölf Wegen folgen. Meine Erfahrung ist: Am Anfang steht meine Entscheidung, ob ich das, was mir widerfährt, akzeptieren (nicht gutheißen!) und daran wachsen möchte. Wenn ich will, kann ich in meinen ganz eigenen Prozess starten, zu dem in irgendeiner Weise Punkte wie diese gehören können:

Optimismus als richtungsweisender Grundton. Wird alles schon irgendwie wieder.

Verantwortungsbewusstsein als mutige Grundentscheidung, nicht die Schuldfrage zu klären, sondern die Herausforderung anzunehmen.

Akzeptanz und *Realismus* als Halt gebender Boden der Tatsachen. Es ist eben jetzt genau so wie es ist.

Disziplin als Triebfeder. Ich mach was draus.

Analysefähigkeit, um die Zusammenhänge zu erfassen. Ich lerne zu verstehen.

Zielorientierung als Leuchtturm. Ich sehe die Lichter, die ich erreichen will, und setze einen Fuß vor den anderen.

Selbstfürsorge als Pflege meiner selbst. Wenn ich mich gut um mich selbst kümmere und es mir gut geht, ist schon viel erreicht.

Ein *soziales Netz*, das mich trägt. Ich brauche andere.

Selbstregulierung als gutes Handling mit mir selbst. Ich lerne, mich selbst wahrzunehmen, was ich fühle und brauche, und kann das auch formulieren.

Hilfreiche *Kommunikation* als Basis des Miteinanders. Woher sollen denn die anderen sonst wissen, wie es mir geht?

Zukunft gestalten wollen als Licht am Ende des Tunnels. Wenn ich neue Perspektiven entwickle und ein Ziel habe, werde ich jeden Weg gehen, um voranzukommen.

Resilienz ist übrigens nichts, was wir Menschen ein für alle Mal lernen. Es bleibt ein lebenslanger Prozess. Das nervt mich selbst oft tierisch – dachte ich doch lange, dass diese anstrengenden und oft schmerzhaften Lernschleifen irgendwann einmal ein Ende hätten.

Doch Gott sei Dank ist das nicht so: Ich habe bis zu meinem letzten Atemzug die Möglichkeit zu lernen, mich weiterzuentwickeln, Dinge und meine Einstellung zu ändern und mich selbst ganz neu auf Situationen einzustellen.

> »Meister bin ich, Geselle war ich, Lehrling werde ich immer sein.«
>
> Hans-Günther Mack, *1958,
> Bäckermeister und Unternehmer

BUCHTIPPS:

»Resilienz: Die Strategie der Stehauf-Menschen. Krisen meistern mit innerer Widerstandskraft« von Monika Gruhl, Kreuz Verlag, 2014.

»StehaufMensch! Was macht uns stark? Kein Resilienzratgeber« von Samuel Koch, adeo Verlag, 2019.

Die Feste feiern, wie sie fallen

»Unsere Befriedigung erreichen
wir vor allem dadurch, dass wir jeden
Augenblick bewusst erleben.«

Yehudi Menuhin, 1916-1999,
Geiger, Bratschist und Dirigent, einer der größten
Violinisten des 20. Jahrhunderts

Feste feiern, wie sie fallen.
Januar bis Dezember. Das Knistern des Schnees. Das Leuchten der Blumen. Das Flirren der Hitze. Die Tristesse des Nebels. Wachsen, Blühen und Eingehen. Kerzen entzünden. Traditionen pflegen. Streit und Versöhnung. Wesentliches entdecken. Ehrlich sein und Neues wagen. Auszeiten genießen. Säen und Ernten. Noch mehr Erinnerungen sammeln. Den Jahreslauf mit allen Augenblicken erleben.

Im Einklang mit den Jahreszeiten

Neuschnee

*Flockenflaum zum ersten Mal zu prägen
mit des Schuhs geheimnisvoller Spur,
einen ersten schmalen Pfad zu schrägen
durch des Schneefelds jungfräuliche Flur –
kindisch ist und köstlich solch Beginnen,
wenn der Wald dir um die Stirne rauscht
oder mit bestrahlten Gletscherzinnen
deine Seele leuchtende Grüße tauscht.*

Christian Morgenstern, 1871-1914, deutscher Dichter

Es ist schön, das eigene Leben den Phasen der Natur anzupassen. So hat man zum Beispiel die Gelegenheit, zweimal im Jahr den Kleiderschrank umzuräumen und entweder den Winter- oder Sommersachen Platz zu machen. Eine tolle Gelegenheit, ungeliebte, aber intakte Teile an einen karitativen Secondhandshop abzugeben und sich vielleicht das eine oder andere neue Kleidungsstück zu gönnen. Auch die Sportarten können oder müssen sich sogar den Wetterbedingungen anpassen: Im Winter kommen Skifans auf ihre Kosten, im Sommer Inlineskater und Surfer.

»Glücklich leben und naturgemäß leben ist eins.«

Lucius Annaeus Seneca, ca. 1-65 n.Chr., Philosoph und Naturforscher

Es gibt eine Menge Möglichkeiten, die Jahreszeiten zu zelebrieren. Bei mir zu Hause zeigt sich das vor allem auch in der Deko: Alle paar Wochen dekoriere ich um. Das ist für mich der kreative Ausdruck meines jahreszeitlichen Lebens.

Eine besondere Phase der Dekoration ist natürlich Weihnachten. Wenn wir zum ersten Advent den großen Leuchtstern draußen auf der Terrasse anbringen und viel Licht in der Wohnung verteilen, dazu Sterne und glänzende Kugeln, ist das jedes Jahr ein besonderer Moment. Später kommt dann der Weihnachtsbaum dazu – auch das gehört zu den Jahreszeiten. Wenn diese Zeit vorbei ist, bleibt es eine Zeit lang kahl. Aber mit dem Frühling hole ich mir immer die ersten frischen bunten Blumen ins Haus. Und so geht das dann weiter, das ganze Jahr über. Für alles gibt es eine Zeit. Und Schönheit ist in jeder Jahreszeit zu finden, wie die folgenden Ideen zeigen:

> »Schön ist eigentlich alles, was man mit Liebe betrachtet.
> Je mehr jemand die Welt liebt,
> desto schöner wird er sie finden.«
>
> Christian Morgenstern, 1871-1914, Schriftsteller und Journalist

Frühjahr: Lagerfeuerromantik
Eine befreundete Familie berichtete mir von einem ihrer Frühlingsrituale: Im Frühjahr steht bei ihnen im Garten immer der Baum- und Sträucherschnitt an. Sie sammeln das Schnittgut dann in ihre Feuerstelle. Und wenn sie fertig sind mit allem Beschneiden, feiern sie ein Frühlingsfest mit großem Feuer und leckerem Stockbrot. Das ist ihr Start in den Frühling und in die Gartensaison. Das finde ich nachahmenswert für alle, die einen Garten nutzen dürfen.

Sommer: Angrillen mit Freunden
Wenn du im Frühsommer die Balkon- oder Terrassenmöbel aus dem Keller holst, vergiss den Grill nicht! Sobald die ersten Sonnenstrahlen die Nase kitzeln, sollte der Duft von frisch Gegrilltem auch die Nase erreichen. Also spätestens dann: Ran an den Rost! Das Angrillen kannst du gut mit deiner ganz persönlichen Garten- oder Balkoneröffnung feiern. Lade einfach ein paar Freunde ein, stelle Getränke bereit und schmeiß den Grill an – und schon kommt das Leben nach draußen.

Herbst: Federweißer-Party – Erntedank mal anders
Pünktlich zur Weinlese feiert mein Bruder seine jährliche Federweißer-Party. Rauscher, Sauser, Brauser – oder eben Federweißer: So heißt der ganz neue Wein, also Traubenmost, dessen Reifung gerade erst begonnen hat. Mittlerweile führt jeder Supermarkt spätestens ab September Federweißer. Achtung: Je nachdem, wie lange der bereits lagert, hat er wenig oder auch schon mehr Alkohol. Zusammen mit einem deftigen Zwiebelkuchen ist die Federweißer-Party zumindest für Weinliebhaber ein guter Anlass, die Weinernte zu feiern und sich auf neue edle Tropfen zu freuen. Oder es ist einfach eine andere Art, Erntedank zu feiern. Denn auch die Weinlese ist ja ein Teil der landwirtschaftlichen Ernte.

Winter: Punsch ins Marmeladenglas
Füll die kalte Jahreszeit doch in Marmeladengläser! Die Herstellung von Punsch-Glühwein-Gelee ist eine tolle Möglichkeit, den Winter mit allen Sinnen willkommen zu heißen. Und wenn du es die ganze Saison über auf keinen Weihnachts- oder Wintermarkt schaffst und nicht einen Glühwein trinkst: Mit dieser Idee kannst du dir diesen Genuss aufs Frühstücksbrot holen. Und wenn du ein paar Gläser mehr abfüllst, hast du gleich ein paar Weihnachtsgeschenke im Vorratsschrank.

Rezept für Punsch-Glühwein-Gelee:
1 Liter Kinderpunsch (alkoholfrei)
¼ Liter Glühwein
Etwas Zitronensaft
1 Packung Gelierzucker 3:1

Punsch, Glühwein und Zitronensaft in einen Kochtopf geben und erhitzen. Gelierzucker mit dem Saft verrühren und unter Rühren zum Kochen bringen. Unter ständigem Rühren mind. 4 Minuten sprudelnd kochen (einfach die Anweisungen auf der Verpackung des Gelierzuckers beachten). Fruchtmasse bei Bedarf abschäumen, sofort randvoll in vorbereitete Gläser füllen. Mit Schraubdeckeln verschließen und die Gläser direkt auf den Deckel stellen (also auf den Kopf) und etwa 5 Minuten so stehen lassen. Dadurch verschließt sich der Deckel luftdicht und das Gelee bleibt lange haltbar.

Die fünfte Jahreszeit: Die Jecken sind los

In bestimmten Regionen gibt es ja neben Frühling, Sommer, Herbst und Winter noch eine Jahreszeit: den Karneval. Auch Fasching genannt.

Seit Jahrhunderten nutzen die Menschen diese Zeit im Frühjahr, um mit viel Tam-Tam den Winter zu vertreiben. Christen nehmen diese Wochen traditionell gerne bewusst wahr, um noch einmal richtig zu feiern und zu schmausen, bevor mit der Fastenzeit die sieben Wochen des Verzichts beginnen. Die Karnevals- und Faschingszeit beginnt eigentlich nach dem Dreikönigstag am 6. Januar. Seit dem 19. Jahrhundert ist der heimliche – oder in den Hochburgen auch gar nicht ganz so heimliche – Start aber schon am 11.11. um 11.11 Uhr. Der Rosenmontag ist der Höhepunkt aller Feierlichkeiten, und am Aschermittwoch ist alles wieder vorbei.

Gedenk- und Jahrestage

Neben jahreszeitlichen Festen gibt es weitere Feier-, Gedenk- und Aktionstage übers Jahr verteilt. Viele haben sehr ernsthafte oder geschichtsträchtige Hintergründe, andere eher weniger. Eine sehr kleine Auswahl findest du hier:

Holocaust-Gedenktag (27.1.)
Dieser Tag steht seit 2005 weltweit im Zeichen des Gedenkens an die Opfer des Nationalsozialismus. Der deutsche Bundespräsident Roman Herzog hat ihn bereits 1996 initiiert. Als Jahrestag ist er auf den 27. Januar 1945 bezogen, den Tag, als das Konzentrations- und Vernichtungslager Auschwitz befreit wurde.

Weltkrebstag (4.2.)
Mit diesem Tag wollen unterschiedliche Organisationen die Vorbeugung, Erforschung und Behandlung von Krebserkrankungen ins öffentliche Bewusstsein rücken. Experten schätzen, dass rund die Hälfte aller Krebserkrankungen durch einen bewussteren Lebensstil vermieden werden könnte.

Internationaler Tag der Muttersprache (21.2.)
Ein von der UNESCO ausgerufener Tag zur Förderung sprachlicher und kultureller Vielfalt und Mehrsprachigkeit.

Weltglückstag (20.3.)
Von der UN-Hauptversammlung 2012 beschlossener Aktionstag, der insbesondere für aktionsbasierte Programme genutzt werden soll, die zu einem höheren Grad an Verbundenheit und Bildung führen. Glück als ökonomisches Paradigma.

Tag der Erde (22.4.)
Dieser Aktionstag soll unsere Wertschätzung für die Umwelt stärken und dazu anregen, unser Konsumverhalten zu überdenken.

Welttag des Buches und des Urheberrechts (23.4.)
Aktionstag der UNESCO fürs Lesen, für Bücher, die Rechte ihrer Autoren und für die Kultur des geschriebenen Wortes.

Tag der Arbeit (1.5.)
Feiertag in vielen Ländern weltweit. Ursprung waren Generalstreiks und Massendemonstrationen der Arbeiterbewegungen der Industriestaaten, die einen auf acht Stunden begrenzten Arbeitstag forderten. In Deutschland ist der 1. Mai seit Mitte der 30er-Jahre als »Tag der Arbeit« nationaler Feiertag. Er trägt offiziell aber andere Namen, in Nordrhein-Westfalen zum Beispiel diesen: »Tag des Bekenntnisses zu Freiheit und Frieden, sozialer Gerechtigkeit, Völkerversöhnung und Menschenwürde.«

Muttertag (immer am zweiten Sonntag im Mai)
Ein Tag zu Ehren der Mütter. Seit 1914 ausgehend von den USA in der westlichen Welt etabliert. Ein Vatertag wird vielerorts am Himmelfahrtstag im Frühjahr gefeiert.

Tag der Befreiung / »Victory in Europe Day« (8.5.)
Gedenktag zum Ende des Zweiten Weltkriegs 1945 in Europa.

Weltfahrradtag (3.6.)
Ein Tag, der die gesellschaftlichen Vorteile der Fahrradnutzung ins Bewusstsein der Gesellschaft rücken soll. 2018 als offizieller UN-Tag beschlossen.

Internationaler Tag der Freundschaft (30.7.)
Dieser Gedenktag, ausgerufen von den Vereinten Nationen, soll an die Bedeutung der Freundschaft zwischen Personen, Ländern und Kulturen erinnern.

Schweizerischer Bundesfeiertag (1.8.)
Das Jahr 1291 ist das mythische Gründungsjahr der Schweizerischen Eidgenossenschaft; aus dem August dieses Jahres stammt der »Bundesbrief«, der ein Landfriedensbündnis zwischen den wichtigsten schweizerischen Talgemeinschaften bezeugt. Dieser Brief war verschollen, wurde 1758 wiederentdeckt und gilt seit dem 19. Jahrhundert als Gründungsurkunde der Schweiz.

Weltfriedenstag (21.9.)
Ein Gedenktag der Vereinten Nationen, der die Idee des Friedens zwischen und innerhalb von Ländern und Völkern stärken soll.

Tag der Deutschen Einheit (3.10.)
Nach dem Mauerfall im November 1989 wurden die zwei deutschen Staaten am 3. Oktober 1990 politisch wiedervereinigt. Dieser Tag gilt seitdem als gesamtdeutscher Nationalfeiertag.

Österreichischer Nationalfeiertag (26.10.)
Seit 1955 gilt das Land Österreich als politisch neutral, in diesem Jahr hatten die letzten Besatzungsmächte nach dem Zweiten Weltkrieg das Land verlassen. Am 26. Oktober wurde die Neutralität besiegelt – dieser Tag gilt seitdem als Nationalfeiertag.

Welttoilettentag (19.11.)
Ein Aktionstag für weltweit verfügbare Sanitäranlagen, zu denen mehr als 40 Prozent der Weltbevölkerung nicht ohne Weiteres Zugang haben.

Tag der Menschenrechte (10.12.)
Gedenktag zur allgemeinen Erklärung der Menschenrechte der Vereinten Nationen im Jahr 1948. An diesem Tag wird die Situation der Menschenrechte weltweit kritisch beleuchtet.

Silvester (31.12.)
Der letzte Tag im gregorianischen – als dem uns bekannten – Kalender. Es ist in der katholischen Kirche der Gedenktag für den heiligen Papst Silvester I., der diesem letzten Tag des Jahres seinen Namen verliehen hat. Dieses Jahresendfest wurde erstmalig im Römischen Reich im Jahr 153 gefeiert, mittlerweile überall auf der Welt. Der Wunsch »Guten Rutsch« hat übrigens nichts mit möglicher Eisglätte zu tun, sondern kommt vom jüdischen »git Rosch« was so viel heißt wie »guter Anfang«. Mit »Guten Rutsch« wünschen wir einander also einen guten Start ins neue Jahr.

Meine Gedenk- und Jahrestage
Welches sind deine ganz persönlichen Tage zum Feiern und Bedenken?

Religiöse Feste im Verlauf des Jahres

Es gibt noch so viel mehr Feste als die, die du in dieser Auflistung findest, weil es in den meisten Glaubensformen unterschiedliche Strömungen gibt, die jeweils noch viel mehr zu bieten haben. Bitte hab Verständnis dafür, dass ich mich hier auf eine Auswahl an Festtagen beschränken musste. Mithilfe jüdischer und muslimischer Freunde haben wir trotzdem einen recht umfangreichen Überblick erstellen können, der uns helfen soll, auch die Feste unserer Nachbarn – welcher Religion sie auch angehören mögen – zu verstehen und zu respektieren.

Januar
Heilige Drei Könige/Epiphaniasfest (christl.): 6.1. – Christen feiern den Besuch der Heiligen drei Könige an der Krippe von Jesus. Feiertag in einigen Bundesländern.
Neujahrsfest der Bäume/Tu biSchwat (jüd.): Juden feiern den Beginn des neuen Erntejahres. Meist zu Beginn des gregorianischen Kalenderjahres.

Februar
Purim/»Losfest« (jüd.): Purim geht auf das biblische Buch Esther zurück, dem zufolge die Jüdin Esther ihr Volk aus höchster Not vor der Bedrohung durch den persischen König Haman rettete. Es wird auch als »jüdischer Fasching« bezeichnet, da zu dem Fest Verkleiden, Umzüge sowie Essen, Trinken und Fröhlichsein gehört. Das Purimfest richtet sich wie alle jüdischen Feste nach dem jüdischen Kalender »Luach«, der sich, anders als unsere Zeitrechnung, nach den Mondphasen richtet. Purim fällt zumeist in den März.

Valentinstag: Der Tag der Liebenden. Bischof Valentin von Terni feierte die Liebe, indem er Paare traute. Er traute auch Soldaten, was damals verboten war. Soldaten sollten nach Gesetz des damaligen Kaisers Claudius Gotius unverheiratet bleiben, denn Heimweh nach der Liebsten schien ihm im Krieg wenig hilfreich zu sein. Darum wurde Valentin hingerichtet – und zwar am 14. Februar 296. Diesen Tag feiern wir heute mit viel Liebe und großen Blumensträußen als Valentinstag.

März
Pessach/»Vorüberschreiten« (jüd): Juden feiern eine ganze Woche lang den Auszug ihres Volkes aus der Sklaverei in Ägypten. Eine Woche lang essen die Juden nur Matzen, also ungesäuertes Brot, denn beim Auszug aus Ägypten blieb keine Zeit, den Brotteig säuern zu lassen. Das Thema Freiheit läuft als roter Faden durch das ganze Fest. Meist im Frühjahr.
Aschermittwoch (christl.): Christen beginnen ihre Passions- und Fastenzeit und erinnern damit bis Ostern an das Leiden und den Tod von Jesus Christus. Immer 46 Tage vor Ostern.
Palmsonntag (christl.): Christen erinnern an den Einzug von Jesus nach Jerusalem, wo die Leute, um ihn zu ehren, Palmenzweige auf die Wege legten. Es beginnt die Karwoche. Immer der Sonntag vor Ostern.

> »Das Fasten ist die Speise der Seele. Wie die körperliche Speise stärkt, so macht das Fasten die Seele kräftiger und verschafft ihr bewegliche Flügel, hebt sie empor und lässt sie über himmlische Dinge nachdenken.«
>
> Johannes Chrysostomos, um 350-407, griechischer Kirchenlehrer

April
Gründonnerstag (christl.): Christen erinnern sich an das letzte Abendmahl, das Jesus Christus vor dem Tag seiner Hinrichtung mit seinen Anhängern gefeiert hat. »Grün« kommt wohl von »grienen«, das ist Mittelhochdeutsch und heißt so viel wie »wimmern« oder »weinen«. Immer der Tag vor Karfreitag.
Karfreitag (christl.): Christen denken an den Tod von Jesus Christus. Immer am Freitag vor Ostern.
Ostern (christl.): Christen feiern die Auferstehung von Jesus Christus. Immer am Sonntag nach dem ersten Vollmond im Frühling, also zwischen dem 22.3. und dem 25.4.

Mai
Schawuot/Wochenfest (jüd.): Es erinnert an den Empfang der Heiligen Schrift (Thora) und den Bund Gottes mit Israel. Schawuot ist außerdem ein Erntedankfest, da zu dieser Zeit in Israel der erste Weizen geerntet wird. Immer 50 Tage nach Pessach. Meist im Mai oder Juni.

Ramadan (musl.): Muslime denken während dieses Fastenmonats in besonderer Weise über ihren Glauben nach. Das Fasten gehört zu den »Fünf Säulen des Islam« und ist damit ein wichtiges Gebot. In dieser Zeit darf nur zwischen Sonnenuntergang und Sonnenaufgang gegessen und getrunken werden – egal, ob im Winter oder im Hochsommer. Die meisten Muslime berechnen den Fastenmonat Ramadan nach dem islamischen Mondkalender, er kann theoretisch irgendwann im Jahr liegen.

Zuckerfest (musl.): Fastenbrechen und feierlicher Abschluss des Fastenmonats Ramadan. Dauert drei Tage.

Pilgermonat und Opferfest (musl.): Das Opferfest geht auf eine Geschichte zurück, die auch Christen kennen: Abraham, ein Mann aus alter biblischer Zeit, wurde von Gott aufgefordert, seinen Sohn Isaak auf einem Altar zu opfern – ihn also zu töten. Abraham gehorchte Gott, was dieser mit einer Opfer-Alternative belohnte: Gott schickte in dem Moment, in dem Abraham das Messer an seinem Sohn ansetzte, ein Lamm. Aus diesem Grund schlachten Muslime während des Opferfests Lämmer. Das Fest dauert drei Tage. Es ist Höhepunkt und Ende des Pilgermonats und beendet das Jahr des islamischen Mondkalenders. Pilgermonat und Opferfest können in jedem Monat sein, weil der islamische Mondkalender durch den in Europa üblichen gregorianischen Kalender wandert.

Juni

Pfingsten (christl.): Christen feiern, dass der Heilige Geist in ihrem Leben geboren ist und den Gründungstag der Kirche. Immer 50 Tage nach Ostern und mit Sonntag und Montag zwei Festtage. Feiertage in ganz Deutschland.

Fronleichnam (christl.-kath.): Katholische Christen glauben daran, dass sie mit dem Brot beim Abendmahl den Leib Christi in sich aufnehmen, sodass er in besonderer Weise bei ihnen ist. Das feiern sie an Fronleichnam. Immer am Donnerstag 60 Tage nach Ostern. Gesetzlicher Feiertag in Baden-Württemberg, Bayern, Hessen, Nordrhein-Westfalen, Rheinland-Pfalz und Saarland.

Juli

Muharram/Neujahr (musl.): Viele Muslime erinnern sich an die Auswanderung Mohammeds von Mekka nach Medina. Der erste Tag des Jahres auf dem Islamischen Mondkalender.

Tischa beAw/»Neunter Tag des Monats Aw« (jüd.): Jüdischer Fasten- und Trauertag, an dem der Zerstörung des Jerusalemer Tempels gedacht wird. Fällt in den Sommer.

August

Mariä Himmelfahrt (christl.-kath.): Christen erinnern sich an den Tod von Maria, der Mutter von Jesus, und ihre Aufnahme in den Himmel. Immer am 15.8. Feiertag in Bayern und im Saarland.

Rosch HaSchana / »Neujahrsfest« (jüd.): Der Neujahrstag soll an den Bund zwischen Gott und Israel und die Gläubigen an ihre moralischen Pflichten erinnern. Meist im September oder Oktober.

Oktober

Jom Kippur/»Versöhnungstag« (jüd.): Höchster jüdischer Feiertag, ein Tag der absoluten Ruhe, Buße und Versöhnung mit Gott und den Mitmenschen. Ende September oder Anfang Oktober.

Erntedank (christl.): Christen danken Gott für die Schöpfung und das, was die Natur schenkt – vor allem die Nahrungsmittel. Fast immer der erste Sonntag im Oktober.

Sukkot/»Laubhüttenfest« (jüd.): Juden erinnern sich eine Woche lang an die Flucht ihrer Vorfahren aus Ägypten und an ihre lange Reise durch die Wüste, als sie in Laubhütten gewohnt haben. Meist im Herbst.

31.10. – Reformationstag (christl.-ev.): Die evangelischen Christen erinnern an Martin Luther. Er hat 1517 aus Protest gegen die für die Gläubigen sehr teuren Schuldbriefe des Papstes seine Thesen an die Tür der Schlosskirche in Wittenberg genagelt und damit den Startschuss für die Evangelische Kirche gegeben. Gesetzlicher Feiertag in Brandenburg, Bremen, Hamburg, Mecklenburg-Vorpommern, Niedersachsen, Sachsen, Sachsen-Anhalt, Schleswig-Holstein und Thüringen.

November

Allerheiligen (christl.-kath.): 1.11. – die Katholiken gedenken ihrer Heiligen. Feiertag in einigen Bundesländern.

Advent (christl.): Der Begriff leitet sich vom lateinischen »adventus« bzw. »adventus domini« ab, was »Ankunft« bzw. »Ankunft des Herrn« bedeutet. Die Christen bereiten sich also auf die Ankunft des Christkinds Jesus vor. Mit dem 1. Advent beginnt auch immer das neue Kirchenjahr. Immer am 4. Sonntag vor dem 24. Dezember bis Heiligabend.

Dezember

Weihnachten (christl.): 24.-26.12. – Christen feiern die Geburt von Jesus Christus (Heiligabend 24.12.) mit zwei ganzen Feiertagen (25. und 26.12.). Bundesweite Feiertage.

Chanukka/»Lichterfest« (jüd.): Juden feiern die Befreiung ihres Volkes aus griechischer Herrschaft, die Neueinweihung ihres zweiten Tempels und ein achttägiges Lichtwunder. Oft im Dezember.

Zum Beispiel Weihnachten

Es gibt so viele Feste rund ums Jahr. Doch an einem hängen immer ganz besonders hohe Erwartungen – und Sorgen: Weihnachten. Am Weihnachtsfest kommt oft die ganze Familie zusammen. Je nach Konstellation und Beziehungsebenen ist das für die einen unvergleichlich schön, für andere mit großem Unbehagen verbunden, und für wieder andere sogar die grausame Aussicht auf vorprogrammierten Streit. Das Fest der Liebe kann ganz schön schiefgehen, was auch die vielen lustig-tragischen Weihnachtsfilme demonstrieren, die jeden Dezember die TV-Programme fluten. Wie also kannst du aus einem Fest, das vor lauter Erwartungen zu ersticken droht, besinnliche Tage werden lassen, die den Ursprung dieses jährlichen Meilensteins zelebrieren?

Vorschlag: Starte mit etwas Besinnlichkeit und lass die Lichter leuchten. Licht gehört für mich zur Adventszeit wie nichts anderes. In dieser dunkelsten Zeit des Jahres sind die Lichter, die nahezu überall und in den schönsten und abstrusesten Arten und Weisen leuchten, für mich echt ein Segensbringer. Dieses Licht erinnert mich als Christin an das Licht des Lebens, das mit der Geburt von Jesus Christus an Weihnachten in die Welt kam. Genau das feiern wir an Weihnachten. Mit Jesus kam auch die Liebe in die Welt – auch das feiern wir heutzutage als »Fest der Liebe«.

Warum gibt es einen Adventskranz?

Einen Adventskranz aufzuhängen gehört in meinem Haushalt zu einer der wichtigsten Beschäftigungen Ende November. Unserer hat heute traditionell vier Kerzen – für jeden Adventssonntag eine. Eigentlich war das mal anders:

Es war der Theologe und Sozialpädagoge Johann Hinrich Wichern, der den Adventskranz im 19. Jahrhundert an seiner damaligen Wirkungsstätte erfand, dem Rauhen Haus in Hamburg, damals ein Kinderheim. Ursprünglich hatte der Adventskranz viel mehr als nur vier Kerzen. Je nachdem wie der erste Adventssonntag lag, brauchte es zwischen 18 und 24 kleinere Kerzen zwischen den vier großen, um für jeden Tag des Wartens aufs Christkind eine Kerze entzünden zu können. Die Kinder lernten auf diese Weise ganz anschaulich, was Advent bedeutet – und sie lernten zudem noch das Zählen. Diese Funktion des Adventskranzes übernimmt heute vielerorts der Adventskalender mit seinen 24 Türchen, beginnend am 1. Dezember.

»Ich bin das Licht der Welt. Wer mir nachfolgt, wird nicht mehr in der Finsternis umherirren, sondern wird das Licht des Lebens haben.«

Die Bibel – Johannesevangelium 8, Vers 12, Neue Genfer Übersetzung

»Zeit der Kerzen. Sie sind unser Protest gegen die Dunkelheit.
Licht für eine Welt, die oft finster ist, kalt, bedrohlich und einsam.
Für eine Zeit, die das Licht so dringend braucht.
Licht, das auch die schattigen Winkel unserer Herzen erreicht.«

Christina Brudereck, *1969, Schriftstellerin, in ihrem Buch
»Für alles gibt es eine Zeit – Rituale für Tag, Jahr und Leben«

ENTSPANNT DURCH DIE WEIHNACHTSZEIT

Für die allermeisten sind die letzten Wochen eines jeden Jahres Stress pur. Was nicht alles noch zu erledigen ist! So viele Geschenke, die erdacht und besorgt werden müssen! Die Einkaufsliste für die Feiertage muss geschrieben werden. Und die vielen Extratermine, die anstehen: Weihnachtsfeier mit den Kollegen, den Vereinsleuten, im Kindergarten, der Kirche, mit dem Chor, der Schachtruppe und so weiter. Und auch beim Weihnachtsfest scheint sich vieles um »höher, schneller, weiter« zu drehen. Oder anders gesagt: Es muss perfekt sein.

Aber warum eigentlich? Lass uns doch einen Gang runterschalten, unsere Ansprüche etwas senken und für Entspannung sorgen.

Hier sind ein paar Fragen – wenn du auf diese ehrlich antwortest, wirst du ganz sicher eine entspanntere Advents- und Weihnachtszeit erleben:

Was ist wichtig?
Trenne Wichtiges von Unwichtigem. Du kannst jeden Termin absagen. Kläre innerlich, wo du Verpflichtungen verspürst und warum. Oft sind die Gründe ganz einfach und durchschaubar – und nicht berechtigt, dir Stress zu machen. Du hast die Wahl.

Wie perfekt muss es sein?
Ja, ich weiß: Wir vergleichen uns so gerne mit anderen und meinen, mithalten zu müssen. Aber das müssen wir gar nicht. Wichtig ist, dass du dir selbst treu bleibst. Plätzchen aus der Bäckerei sind auch lecker. Und ein Nachmittag zu Hause mit Freunden, an dem man einfach nur Adventslieder von einer CD mitsingt und Stollen aus dem Supermarkt isst, kann sehr, sehr schön sein.

>
>
> Eine Frau aus einem Unternehmen erzählte mir einmal, woher sie ihre volle Dose leckerster selbstgemachter Plätzchen hatte: Ein Kollege von ihr backt sehr gerne. Für ihn beginnt die schönste Zeit des Jahres also bereits im Oktober, wenn er seine Plätzchenherstellung startet. Ab dem Advent gibt er dann dosenweise Plätzchen gegen Spende ab und hat nicht nur selbst eine Menge Spaß, sondern erfreut auch andere. Beides zusammenzubringen kann so einfach sein!
>
>

Planst du realistisch?
Wenn du weißt, was du dir vornimmst, und auf deine Weise darüber Buch führst – mit einer To-do-Liste oder wie auch immer –, behältst du einen guten Überblick und weißt, was wann zu tun ist und ob du in der Theorie überhaupt alles schaffen kannst. Mit der Planung kann man gar nicht früh genug beginnen.

>
>
> Kaufe Geschenke nicht erst im Dezember. Wenn du irgendwann im Jahr etwas siehst, bei dem dir sofort jemand Besonderes in den Sinn kommt, dann kaufe es und verstaue es bis zum Fest im Schrank.
>
>

Willst du teilen?
Wer sagt, dass du alles allein machen musst? Vergib Arbeitsaufträge innerhalb der Familie, an andere Beteiligte oder schlicht an Dienstleister. Das Weihnachtsmenü der Familie Tschage wird seit einigen Jahren per Messenger auf dem Smartphone abgesprochen, und die passende Einkaufsliste wird genauso erstellt.

Wann sind deine Ruhe-Inseln?
Freunde von mir vereinbaren schon seit Jahren in der Adventszeit keine Termine. Diese Zeit gehört in erster Linie der Familie. Und weil mit Kindern ohnehin viele Extratermine anstehen, nehmen sie sich aus allem anderen bewusst raus. Dates mit sich selbst oder mit der Familie sind gerade in Zeiten, die noch trubeliger sind als sonst, extrem wichtig und dienen dem Frieden – deinem eigenen und dem deines Umfelds.

Übrigens: Deine Antworten auf diese Fragen helfen dir zu jeder Jahreszeit, ein ausgeglicheneres Leben zu führen.

DAMIT ES NICHT KRACHT

So schön das Weihnachtsfest auch sein mag – bei nicht wenigen Menschen mischt sich unter die Vorfreude auch die Sorge: »Wie heftig wird der Familienkrach in diesem Jahr wohl werden?«

Ich kenne das gut. Irgendwie sind während der Feiertage doch alle angespannt. Wir hegen unsere Erwartungen an uns selbst, an andere, ans Essen, die Dekoration, die Auswahl des Tannenbaums, die richtigen Geschenke, das Wetter. Zudem treffen wir meist auf Menschen, die wir nicht ständig um uns herum haben. Die wenigsten Familien leben heute noch nah beieinander. Also drehen sich die Gedanken auch um die Verkehrssituation, die Straßenverhältnisse, Schneeketten und wann wer wo bei wem erwartet wird.

»Locker bleiben und den Humor nicht verlieren« las ich in einer Zeitungs-Headline vor dem vergangenen Weihnachtsfest. Wie das genau geht? Ich hätte ein paar Vorschläge:

Erwartungen klären

Ich finde, man muss Erwartungen gar nicht reduzieren – was du von dir selbst und anderen erwartest, ist deine Sache. Und manche Erwartung magst du vielleicht gar nicht herunterschrauben. Dann ist aber wichtig, dass du dir deiner Erwartungen bewusst bist. Wenn du weißt, was du gerne hättest, kannst du das auch formulieren oder zumindest damit umgehen. Und im Zweifelsfall kannst du sagen: »Ok, dann eben wieder Lametta am Baum und die hässliche Lichterkette statt echter Kerzen.« Je mehr Menschen zusammen sind, desto mehr muss hier geklärt werden. Und desto mehr muss uns klar sein, dass nicht jede Erwartung erfüllt werden kann.

»Das Geheimnis, mit allen Menschen in Frieden zu leben, besteht in der Kunst, jeden seiner Individualität nach zu verstehen.«

Friedrich Ludwig Jahn, 1778-1852, Pädagoge, Publizist und Politiker

Absprachen treffen

Wo feiern wir? Wer kommt wann? Wer bringt sein eigenes Bettzeug mit? Was essen wir? Wann essen wir? Wie lange bleiben wir? Je klarer die Absprachen sind, je ehrlicher jeder sagen darf, wie es ist, und je einvernehmlicher dann die Entscheidungen sind, desto entspannter werden die gemeinsamen Feiertage. Tipp: Bemühe dich um sehr detaillierte Absprachen. Und darum, es den Gastgebern so einfach wie möglich zu machen. Sie müssen schließlich die Wohnung putzen, den Müll rausbringen und den Weihnachtsbaum entsorgen, wenn der Rest der Bande entspannt gen eigenes Zuhause rollt.

»Wer ständig glücklich sein möchte, muss sich oft verändern.«

Konfuzius, 551-479 v.Chr., chinesischer Philosoph

Aus meinem Leben

In meiner Familie gab es niemals eine elektrische Lichterkette am Baum. Ehrlich gesagt verachteten wir alle Haushalte, die so was Primitives taten. An einen anständigen Christbaum gehören echte Kerzen! Und dann zog ich mit meiner besten Freundin zusammen, die aus einer Lichterkette-am-Weihnachtsbaum-Familie kommt. Der Streit war vorprogrammiert und wir haben ihn energisch ausgetragen. Letzlich haben wir beide dann Neues gewagt: An unserem Weihnachtsbaum wird immer eine Lichterkette installiert – damit der Baum zu jeder Tages- und Nachtzeit strahlen kann. Und für die besonderen Momente, während des Essens zum Beispiel, bekommt er echte Kerzen. Wir lieben diesen Kompromiss!

Viele Familien scheitern an Traditionen. Dieses »Das haben wir aber doch schon immer so gemacht!« gefährdet oft den Frieden. Je größer die Familie wird, desto herausfordernder wird das Beisammensein: Es gibt an Heiligabend schon immer schlesische Würstl – und dann lebt plötzlich jemand vegan...

> »In Partnerschaften muss man sich manchmal streiten,
> denn dadurch erfährt man mehr voneinander.«
>
> Johann Wolfgang von Goethe, 1749-1832, Dichter

Manches einfach sein lassen

In vielen Beziehungsnetzwerken gibt es Themen, über die man einfach nicht sprechen sollte. Manchmal ist es die Politik, manchmal die Trauer, manchmal Vergangenes, manchmal auch Zukünftiges. Oder du weißt genau, dass jemand etwas absolut nicht mag, was dir aber völlig egal ist. Ich lasse mir zum Beispiel nicht so gerne in meine Küche reinquatschen – die Küche ist mein Revier, basta. Ich freue mich, wenn andere das respektieren. Genauso respektiere ich die Reviere anderer. Einfach mal den Mund zu halten und manchen Kommentar runterzuschlucken kann dem Frieden während des Fests sehr dienlich sein.

Sich versöhnen

Und wenn es dann doch gekracht hat: Versöhnt euch! Erfahrungsgemäß braucht es dazu jemanden, der den ersten Schritt tut. Sei großzügig – sei du der- oder diejenige. Mach klar, dass nicht jeder Kampf ausgetragen und schon gar nicht entschieden werden muss. Erst recht nicht an Festtagen, die eigentlich der friedlichen Geselligkeit gewidmet sind. Am Ende heißt es doch so schön: »Pack schlägt sich, Pack verträgt sich!«

»Erwarte nichts. Heute: das ist dein Leben.«

Kurt Tucholsky, 1890-1935, Journalist und Schriftsteller

Routinen genießen.
52 Wochen, 365 Tage, 24 Stunden.
Kochen und Backen. Essen, Trinken, Miteinandersein.
Einschlafen und Aufwachen. Köstlichkeiten und
Leckerbissen. Einatmen und Ausatmen.
Achtsam leben. Dankbar sein. Sich selbst verschenken.
Lächeln. Den Alltag zelebrieren. Ruhepausen feiern.

Ich liebe Alltag!

Ist dir auch schon ganz schwindlig von den vielen Festen, die man im Leben so feiern könnte? Ich liebe es zu feiern – aber mal ehrlich: Das Leben besteht doch zu einem sehr kleinen Prozentsatz aus Feiertagen und Festen, dafür aber überwiegend aus etwas, das wir »Alltag« nennen. Das Jahr hat 365 Tage und 52 Wochen, Letztere sind von Wochenenden unterbrochen. Die meisten von uns arbeiten von Montag bis Freitag, so ungefähr von 9 bis 17 Uhr. Manch einer arbeitet im Schichtdienst oder anderswie unregelmäßig, so wie ich als Freiberuflerin. Mit diesen Rahmenbedingungen versuchen wir alle, unser Leben zu gestalten und zu organisieren.

Es gibt Menschen, die leben nach dem Prinzip »arbeiten, essen, schlafen« – man nennt es auch das »AES-Syndrom«. Viele packen zu diesem Programm noch Hobbys dazu wie Sport, Musik oder was auch immer. Man versucht außerdem, seine Freundschaften zu pflegen und die Familie nicht zu kurz kommen zu lassen. Nebenbei will der Haushalt erledigt werden, das Auto muss zur Inspektion, man selbst mal zur Vorsorge oder zur Behandlung zum Arzt und so weiter.

Ich liebe Alltag! Diese Routine, die sich einstellt, wenn Dinge einfach laufen, wie sie immer laufen. Nicht selten wird die Routine zwar unterbrochen, dann muss mein Hirn Extrarunden drehen, und Dinge müssen neu oder anders organisiert werden. Aber grundsätzlich ist Alltag für mich etwas Wundervolles. Und dann, genau dann, liebe ich es zu feiern. Vergiss die Alltäglichkeiten nicht! Denn die machen den größten Anteil unserer Lebenszeit aus.

MEINE KLEINE ALLTAGSPAUSE

Für die Feier im Alltag habe ich fast immer meine Lieblings-Brownies im Gefrierschrank. Denn die sind in der Mikrowelle binnen Sekunden aufgetaut. Wenn ich sie dann mit etwas Puderzucker berieseln und mir einen frischen Kaffee mache oder sogar eine Kugel Eis und frische Früchte dazugebe, zelebriere ich mal eben eine 1a-»Ich feiere meinen Alltag«-Pause, die mich für alles Weitere beflügelt.

Du magst es nicht so süß? Dann backe doch meine Lieblings-Muffins – die funktionieren sogar Low-Carb oder vegan und gehören genauso wie die Brownies zu meiner Standard-Gefrierschrank-Ausstattung.

> »Ein Ritual ist eine heilige Unterbrechung. Das Atemholen im Alltag. Die mögliche Wende im Immer-so-weiter. Der Moment für das Wunder im Sowieso.«
>
> Christina Brudereck, *1969, Schriftstellerin

Lieblings-Brownies

Zutaten
(für eine rechteckige Form
ca. 30 x 20 cm):
300 g Zartbitterschokolade
6 Eier
250 g Butter
Eine Prise Salz
250 g Zucker
Etwas Zimt
100 g Mehl

Zubereitung:
- Schokolade zerkleinern und mit der Butter schmelzen.
- Die Eier trennen.
- Das Eiweiß mit einer Prise Salz zu Eischnee steif schlagen.
- Das Eigelb mit dem Zucker und etwas Zimt mixen.
- Die flüssige Schokobutter nun zu der Eigelbmischung hinzufügen und alles gut mischen.
- Jetzt das Mehl und den Eischnee unterheben.
- Den Teig in die gefettete oder mit Backpapier ausgelegte Form geben und bei 160 Grad Umluft ca. 20 Minuten backen. Achtung: Die Masse wird immer weich und fluffig bleiben!

Ich esse diese Brownies am liebsten lauwarm, auf einem Fruchtspiegel (z.B. pürierte Mango) und mit einer Kugel Eis und frischen Früchten.

Lieblings-Muffins

Zutaten
(für ca. 12 Muffins):
55 g weiche Butter
(vegane Alternative: Bananenmus)
100 g brauner Zucker
2 Eier
(vegane Alternative: ein Esslöffel Sojamehl gemischt mit vier Esslöffeln Wasser)
240 g Joghurt
(vegane Alternative: Soja-Joghurt)
160 g geraspelte Karotten
120 g Kokosflocken
50 g Rosinen
200 g Mehl
(aus Weizen, Dinkel, Mandeln, o.Ä.)
1 TL Natron oder Backpulver
1 TL Zimt
50 g gemahlene Haselnüsse (optional)

Zubereitung:
- Verquirle die weiche Butter mit dem braunen Zucker.
- Füge die Eier und den Joghurt dazu und rühre die Masse gut durch.
- Dann gib Karotten, Kokosflocken und Rosinen dazu.
- Jetzt gib das Mehl, Natron/Backpulver und den Zimt (ggf. auch die Nüsse) dazu und verquirle alles gut.
- Bestücke eine Muffinform mit Papierförmchen und fülle den Teig da hinein. Dann backe alles bei 180 Grad für 15-20 Minuten.

»DAS ESSEN IST FERTIG«

Immer weniger Menschen essen gemeinsam und in Ruhe. Dabei sind diese Zeiten am Tisch so wertvoll – hier finden in der Regel die wirklich wichtigen Gespräche statt. Wenn Eltern den Kontakt zu ihren Kindern verloren haben (oder andersherum), liegt es meist auch an fehlenden gemeinsamen Mahlzeiten. Sie sind eine wundervolle Form, Gemeinsamkeit und Gemeinschaft zu zelebrieren.

Eine amerikanische Zeitschrift bat ihre Leserinnen und Leser wohl einmal, den Satz einzusenden, den sie am liebsten hörten, am meisten brauchten und am tröstlichsten fanden. Und in der Rangliste der häufigsten Sätze stand letztlich an dritter Stelle dieser: »Das Essen ist fertig.«

»Tu deinem Leib was Gutes, damit deine Seele Lust hat, darin zu wohnen.«

Teresa von Ávila, 1515-1582,
Ordensfrau und Kirchenlehrerin

In Zeiten von »Convenience Food« und industrialisiertem Essen ist das Kochen mit frischen Zutaten ein guter, aber aus meiner Sicht noch zu seltener Trend. Dabei ist es oft gar nicht schwieriger, und es dauert auch nicht länger, selbst eine Tomatensoße für die Nudeln herzustellen, als eine Packung zu öffnen.

Versuche, mindestens eine Mahlzeit am Tag für dich zu ritualisieren. Am besten mit anderen. Wenn du einen Partner oder eine Partnerin oder eine Familie hast, sucht euch eine Mahlzeit aus, die zeitlich passt, und dann zelebriert dieses Ritual. Und wenn du wie ich als Single lebst, versuche mindestens 2-3 Mal pro Woche eine Tischgemeinschaft zu pflegen. Dazu kannst du ja einfach andere einladen – gründe eine EG, eine Essgemeinschaft!

Du wirst sehen, wie wohltuend diese Gemeinschaft ist, und wie viel in dieser Zeit auch an Organisatorischem oder Seelischem geklärt wird.

»Eine gute Tafel stillt allen Groll des Spiels und der Liebe; sie versöhnt alle Menschen, bevor sie zu Bette gehen.«

Luc de Clapiers, 1715-1747,
französischer Philosoph und Schriftsteller

Bis ins 11. Jahrhundert hinein schlossen Menschen Verträge ab, indem sie miteinander zu Tisch saßen und aßen. Die Tischgemeinschaft galt – statt eines Vertrages mit Tinte auf Papier – als verbindliches gegenseitiges Einverständnis, und zwar in allen Schichten. Bis heute gelten private Essen unter Staatsoberhäuptern und Verantwortungsträgern als beste Schmiede für gute Pläne.

**Gemeinsamer Tischwunsch
zur Eröffnung des Essens**

Wir sitzen zusammen, der Tisch ist gedeckt,
wir wünschen uns allen, dass es gut schmeckt!

Jedes Tierlein hat sein Essen,
jedes Blümlein trinkt von dir,
du hast uns auch nicht vergessen,
lieber Gott, wir danken dir.

Gemeinsam sitzen wir am Tisch:
Wir essen lecker, gut und frisch!
Gemeinsam sprechen alle mit:
Wir wünschen guten Appetit!

Köstliche Rituale rund um die Welt

**Asiatische Teezeremonie:
Innere Ruhe finden im Alltagstrubel**

Die Briten lieben ihn, die Ostfriesen auch – aber die echten Liebhaber von Tee trinken ihn nicht nur, sondern zelebrieren seinen Genuss. Teebeutel in die Tasse und heißes Wasser drüber – für Asiaten wohl ein absolutes No-Go.
Teezeremonien werden in Asien als »Teekunst« bezeichnet: Die Utensilien wie Kannen und Becher werden sorgsam ausgesucht und platziert, das Feuer wird liebevoll geschürt und die Teilnehmenden suchen sich ehrfürchtig einen Platz im Raum. Im Vordergrund steht in China der gemeinsame Genuss von Tee, die Zeremonien werden überall begangen, gerne auch in privaten Wohnhäusern. In Japan folgt die Teezeremonie klaren Regeln, und sie dient der inneren Einkehr und Reifung. Bewusst finden diese Rituale rund um den Tee dort in entsprechenden Teehäusern statt.

**Äthiopische Kaffeezeremonie:
Ein Schritt nach dem anderen**

Wenn ich einen Kaffee genießen will, schalte ich meinen Vollautomaten ein und drücke zwei Knöpfe. Keine zwei Minuten später steht eine Tasse duftenden Kaffees vor mir, und ich genieße. Die Äthiopier würden mich dafür vermutlich auslachen. Denn der Kaffeegenuss beginnt für sie keineswegs mit dem ersten Schluck sondern mit einem Feuerchen: Als Erstes werden die noch grünen Kaffeebohnen gewaschen. Anschließend werden sie in einer kleinen Pfanne über offenem Feuer geröstet. Sind sie schön braun, werden die Bohnen gemahlen – wahlweise in einem Mörser mit der Hand oder in einer Mühle. Dann wird das Kaffeemehl, das hier sehr grob bleibt, in einer Kanne aus Ton mit heißem Wasser aufgegossen. Sobald der Kaffee fertig ist, wird er in einem feinen Strahl und aus ordentlicher Höhe in kleine Porzellanschälchen gegossen. Es ist also viel Zeit für entspannte Geselligkeit – und genau das ist der Hauptgrund des Kaffeetrinkens. Die Äthiopier zelebrieren dies oft dreimal täglich; besonders in Dörfern sind es die wichtigsten sozialen Momente am Tag, zu denen die gesamte Familie zusammenkommt.

ANKERPUNKTE IM ALLTAG

»Zeremonie«, laut Duden eine »in bestimmten festen Formen bzw. nach einem Ritus ablaufende feierliche Handlung«. Manchmal denke ich, dass mein morgendliches Aufstehen schon zeremoniellen Charakter hat: Pünktlich um 6.28 Uhr geht mein Radiowecker los. Ich habe dann exakt zwei Minuten Zeit, so wach zu werden, dass ich den Nachrichten und vor allem dem Wetterbericht um 6.30 Uhr folgen kann, sodass ich anschließend weiß, welche Klamotten ich aus dem Schrank ziehen sollte. So starte ich feierlich in den neuen Tag. Tinas Werktag-Morgen-Zeremonie.

Welches sind deine Zeremonien? Welche Rituale gehören zu deinem Alltag? Haargenaues Frisieren und Make-up am Morgen? Genüssliches Rasieren vor dem Spiegel? Zubereiten deines Superfood-Müslis schon am Vorabend? Gute-Nacht-Geschichte aus deinem Lieblingsbuch vor dem Schlafengehen?

Ich finde ja, wir sollten viel mehr zelebrieren. Und ich glaube, das wird uns sehr guttun, denn wir werden die Dinge viel achtsamer und bewusster tun und erleben. Und das wiederum gibt uns eine hilfreiche Struktur und an bestimmten Stellen ein wohltuendes Gefühl von Besonderheit.

Tipps für mehr Achtsamkeit und Glück im Alltag

Tagebuch der Dankbarkeit: Kaufe dir ein kleines Büchlein und lege es neben dein Bett. Und dann nimm dir jeden Abend fünf Minuten Zeit und schreibe mindestens drei Dinge auf, für die du an diesem Tag dankbar bist. Achtung: Nicht nur die großen Dinge feiern, sondern auch so was wie: »Ich bin dankbar, dass ich heute lecker gegessen habe, in einem gemütlichen Bett liege oder ein Auto besitzen darf.«

»Ich schütze meine Seele nicht durch Zufriedenheit, sondern durch Dankbarkeit.«

Martin Schleske, *1965, Geigenbauer und Schriftsteller

Unerwartetes Feiern: Ein Termin platzt und du hast plötzlich Zeit? Ärgere dich nicht, sondern nutze diese überraschende freie Zeit für etwas Besonderes. Wenn einer meiner Züge Verspätung hat und ich mich darüber eigentlich fürchterlich ärgere, gehe ich oft im Bahnhof bummeln und schaue mich nach Geschenken für andere um (die meisten Fernbahnhöfe sind ja heute »Einkaufsbahnhöfe«) oder genieße in Ruhe einen Kaffee.

»Wir in Afrika haben die Zeit, aber keine Uhr. Die Europäer haben die Uhr, aber keine Zeit.«

Afrikanisches Sprichwort

Beziehungspflege-Abend: Ein Paar, das ich kürzlich getraut habe, erzählte mir, dass sie jeden Monat einen Paarabend zelebrieren. Immer abwechselnd bereiten sie eine Überraschung für den anderen vor. So kam es dann auch zum Heiratsantrag: Das Ziel einer Geocaching-Tour (das ist eine Art Schnitzeljagd für Erwachsene) war eine Dose mit dem Verlobungsring.

Dates mit mir selbst: In meinem Kalender stehen viele Verabredungen mit mir selbst. Meine Sportzeiten zum Beispiel. Weil ich weiß, dass ich diese für mein Wohlbefinden und meine Gesundheit brauche. Wenn jemand so einem Termin in die Quere kommen will, sage ich immer, dass ich da leider schon verabredet bin.

Bewusst meine Muster durchbrechen: Bist du schon mal nicht ans Telefon gegangen, wenn es klingelte – einfach, weil du gedacht hast »Nein, jetzt nicht!«? Das ist eine hervorragende Übung für mehr Achtsamkeit: Dinge einfach mal anders machen.

Liebe Schwestern

Vergesst nicht
Neben dem Arbeiten und Kämpfen
Der Wut und der Geduld
Das Billardspielen zu lernen

Oder greift zur Gitarre Laute Flöte
Lernt das Kochen neu
Nicht als Pflicht sondern
Als schmatzigen schmausigen Spaß

Denkt Euch Witze aus
Lernt erneut den Himmel sehen
Das Jauchzen beim Tanzen
Das laute Rufen
Das Miteinander

Übt Euch im Lieben
Nur so werden wir
Altersschwer und grau dann
Sagen können
Ich bin lebenssatt

Anna Tüne, *1950, Autorin und Kulturmanagerin, Abdruck mit freundlicher Genehmigung der Autorin

Rituale im Familienalltag

Ich als Singlefrau kann alle meine Rituale ganz entspannt gestalten. Stundenlang was auch immer im Bad zu zelebrieren – kein Problem für mich! Kein Kind wird an die Tür klopfen und nach Mama rufen. Deshalb habe ich einmal eine Mutter dreier Kinder gefragt, wie sie das so macht.

Aus der Erfahrungsschatzkiste

Jede Familie hat ihre Rituale

Das Leben mit Kindern ist unfassbar schön, ein riesengroßes Abenteuer und sehr kräftezehrend. Brauchen also müde Eltern im Trubel dieser Lebensphase wirklich noch den Punkt »Rituale« auf ihrer To-do-Liste?

Nein. Aber weißt du was? Rituale sind eigentlich in jeder Familie ohnehin vorhanden. Trotzdem werbe ich dafür, diese Rituale bewusst wahrzunehmen, wertzuschätzen, zu gestalten und mit ihnen das Leben zu feiern.

Kinder lieben Rituale. Schon das kleinste Baby fordert gleichbleibende Abläufe und beruhigt sich bei einer vertrauten Melodie, mit dem Lieblingsspielzeug oder bei einer bekannten Person. Eltern spüren die Entlastung und bauen hilfreiche Rituale in den Alltag und die Erziehung ein. Ich denke zum Beispiel an das »Um-die-Wette-Anziehen« am frühen Morgen mit meinem Sohn, damit wir rechtzeitig in der Kita sind.

Ob es dann später das regelmäßige Vorlesen in der Sofaecke, das zugerufene »Ich hab dich ganz doll lieb!« zum Abschied oder das ausgiebige Geburtstagsfrühstück mit Kerzen und Girlande ist – Kinder erleben in solchen Ritualen Sicherheit und Geborgenheit. Es gibt lautstarken Protest von ihrer Seite, wenn das Wochenende statt mit »Familienkuscheln« im Elternbett mit Eile und Hektik beginnt. Habe ich das Gute-Nacht-Ritual, bei dem unsere Kinder als »Päckchen« in ihre Decke gekuschelt und zu einem Wunschort »geschickt« werden, vergessen, meine Kinder fordern es bald wieder ein.

Wichtig ist, dass Rituale allen Beteiligten Freude machen und zur Familiensituation passen. Einige Dinge – wie z.B. das Einschlafritual – werden sich mit dem Alter der Kinder ändern. Was nicht mehr passt, musst du auch nicht zwanghaft aufrechterhalten. Unpraktische oder zu aufwendige Rituale kannst du ebenfalls getrost wieder einmotten.

Besonders schön ist es, wenn du ganz eigene Rituale entwickelst, die zu euren Bedürfnissen passen. Bei uns wird zum Beispiel selten abends ein Buch vorgelesen, weil wir Eltern dreier Kinder dann einfach zu erschöpft sind. Wir lesen viel lieber nach einer gemütlichen Mahlzeit am Küchentisch. Einer von uns liest eine Geschichte aus einem kindgerechten Buch. Anschließend beantworten wir Fragen und nehmen jeden Beitrag ernst.

Ein Familienritual ist keine zusätzliche Zutat, die man noch zu allen anderen Notwendigkeiten, Terminen und Verpflichtungen »obendrauf« schmeißt, sondern benötigt Zeit und Platz im Alltag.

Nur Mut zu komplett freien Zeiten! Sag doch auch mal wieder »Nein« zu vielen Forderungen, die an dich und deine Familie herangetragen werden. Ich denke da an die zahlreichen Weihnachtsfeiern, Einladungen zu Geburtstagen oder von der Verwandtschaft festgelegte Termine. Denn ein »Nein« zu diesen sozialen Zwängen bedeutet ein »Ja« zu mehr Freiraum mit unseren Kindern. Im Nachhinein sind die wertvollen Jahre mit heranwachsenden Kindern schneller vorbei als wir denken – darum lohnt es sich, diese Zeit zu schützen und die richtigen Prioritäten zu setzen.

Einfach mal ausprobieren

MAMA-TAG / PAPA-TAG

Für wen?
Dieses Ritual ist besonders geeignet für Familien mit mehreren Kindern. Ganz besonders profitieren davon ruhige Kinder, die sonst hinter den auffälligeren Geschwistern zurückstehen.

Was?
Jedes Kind bekommt von Zeit zu Zeit einen (ganzen oder halben) Tag, an dem es sich aussuchen darf, was Mama oder Papa ganz allein mit ihm unternimmt. Sehr beliebt bei uns sind Eis essen gehen, Eisenbahn fahren oder ein Besuch im Zoo, Schwimmbad oder Kindermuseum.

Warum?
Das Besondere ist natürlich die ungeteilte Aufmerksamkeit des Elternteils – ganz ohne Geschwister. Wichtig ist, dass man dabei auch Zeit zum Erzählen hat, denn es ist eine gute Gelegenheit, dem Kind einmal ungestört zu sagen, was an ihm so toll ist, und natürlich auch, um zu hören, was das Kind gerade bewegt.

DANKBAR IN DIE NACHTRUHE

Für wen?
Dieses Ritual eignet sich für Familien mit Kindern, die schon reden können und ein Einschlafritual immer noch schätzen.

Was?
Beim abendlichen Gute-Nacht-Sagen im Bett darf das Kind erzählen, was an diesem Tag besonders schön war. Je nach familiärem Hintergrund kann das auch gleich in ein gemeinsames Abendgebet einfließen.

Warum?
Wir Menschen schauen oft auf das, was nicht gut ist, uns Angst macht, uns ärgert oder bedrückt. Mit dieser Dankbarkeitsübung lernen nicht nur die Kinder, ihren Blick auf die vielen schönen Erlebnisse des Tages zu lenken, die ansonsten als selbstverständlich erachtet und vergessen werden könnten.

EIN TAG DARF ANDERS SEIN

Für wen?
Für jede Familie geeignet.

Was?
Für viele ist der Sonntag kein Tag wie jeder andere. Arbeiten, Hausaufgaben oder unnötige Hausarbeit sind für uns sonntags tabu. Auch der PC und andere Arbeits- oder Entertainmentgeräte bleiben offline. Die Zeit wird für gemeinsame Tätigkeiten oder Entspannung beim Malen, Lesen, Basteln, mit Brettspielen, Höhle bauen oder anderen tollen Aktivitäten genutzt.

Warum?
Es ist schon lange bewiesen, dass wir Menschen Pausen brauchen, um von Zeit zu Zeit komplett vom Alltag und der Arbeit abzuschalten, um innerlich aufzutanken und neue Kraft zu schöpfen. Der Sonntag ist ein christlicher Feiertag, der auf den jüdischen Sabbat zurückgeht, ein Tag, der zum Ausruhen und Feiern gedacht ist.

FILMABEND ZU ZWEIT

Für wen?
Eltern, deren entspannte Zeit als Paar zu kurz kommt, und die eine Pause brauchen, um vom Alltag und der Verantwortung für die Kinder abzuschalten. Besonders auch für Eltern, die keinen Babysitter haben, um ins Kino oder essen zu gehen.

Was?
An einem Abend (z.B. freitags zum Wochenendbeginn) essen die Kinder alleine zu Abend und werden ohne besonderen Aufwand ins Bett gebracht. Bei uns hat sich ein schönes Hörspiel als Einschlafhilfe für die Kinder bewährt. Für sie ist dann auch klar, dass heute der »Mama-Papa-Abend« ist und sie für pflegeleichtes Einschlafen mit einem ausgiebigen Familienkuscheln am nächsten Morgen belohnt werden.

Die Eltern verschaffen sich ohne viel Aufwand (!) ein leckeres Essen (Pizza in den Ofen oder warum nicht mal etwas liefern lassen) und verbringen zu zweit einen entspannten Filmabend.

Warum?
Bei uns gehört dieses Ritual als Paar zum Wochenendbeginn. Ein Filmabend ist auch toll, weil man nicht reden oder irgendwelche Probleme verbal lösen muss, sondern einfach entspannen kann.

Stephanie Martin,
*1981, liebt nette Gespräche, spannende Geschichten und gute Planung. Als ev. Theologin begleitet sie Lehramtsstudierende an der Uni und lebt mit ihrem Mann und ihren drei Kindern in Braunschweig.

Raus aus dem Hamsterrad

Wer mal leistungsorientiert Sport betrieben hat, der weiß: Um Muskeln zum Wachsen zu bringen, müssen sie belastet werden. Aber sie wachsen nicht während der Belastung, sondern während der Erholung. Fehlt die, gehen die Muskeln langfristig kaputt, wie bei manchem Hobby-Kraftsportler zu beobachten ist.

Belastung, Erholung, Belastung, Erholung ... So funktioniert ausgewogenes Leben. Wir Menschen brauchen Auszeiten für Körper, Seele und Geist.

Tipp

Wer selbstständig ist, wird wissen, wovon ich rede: Es ist gar nicht so leicht, sich aus dem Anspruch des »selbst« und »ständig« zu befreien. Zum Glück habe aber sehr bald einen richtig guten Sparringspartner für meine Urlaubszeiten gefunden: den Autoresponder meines E-Mail-Programmes. Wenn meine Kunden informiert sind, dass ich gerade eine Erholungspause mache, werde ich keinen Auftrag verpassen und kann ganz entspannt ausspannen.
Seit Jahren schon bekommen alle Menschen, die mir während meines Urlaubs eine E-Mail schicken, diesen Text als automatische Antwort: »Die Kunst des Ausruhens ist ein Teil der Kunst des Arbeitens« (John Ernst Steinbeck, 1902-1968, amerikanischer Schriftsteller und Literaturnobelpreisträger). Vielleicht wäre das ja auch was für dich.

Vom schwedischen Autor und Kolumnisten Thomas Sjödin habe ich eine fantastische Geschichte gelesen. Er steht wohl im engen Austausch mit einem emeritierten Bischof. In einem ihrer Gespräche ging es um Ruhe. Thomas sagte dem Bischof gegenüber mit tiefem Seufzen und schlechtem Gewissen, dass er an einem langen Tag zu Hause so gar nichts zustande gebracht habe. Der Bischof reagierte daraufhin ganz anders als erwartet: »Wie schön, dass du einen ganzen Tag lang die Füße hinter dir hergezogen hast. Davon hast du später was.«

Im weiteren Gespräch lernte Thomas viel über die »wunderbare Kunst des Herumschlurfens«. Laut dem Bischof ist es die Disziplin, die darauf beruht, dass die Seele auch ab und zu in Morgenmantel und Pantoffeln herumschlurfen möchte. Thomas schreibt dazu: »Was er meinte und wofür er sich meinetwegen einsetzte, war wohl das Recht, meine Zeit unproduktiv und unrentabel zu verbringen. Das Recht, einen halben Tag lang darüber nachzudenken, was zu tun ist, aber nicht damit anzufangen. Ohne dass ich es merkte, füllten sich meine freien Tage mit Vorbereitungen für Kommendes. Ich tat nur noch Nützliches und wurde immer müder. Die wunderbare Kunst des Herumschlurfens hat mir geholfen, die Ruhe wieder zu finden.«[2]

BUCHTIPP:
»Warum Ruhe unsere Rettung ist. Stell dir vor, du tust nichts und die Welt dreht sich weiter« von Thomas Sjödin, SCM Verlag, 2016.

Aus meinem Leben

Mir das Beispiel des Bischofs zum Vorbild nehmend gehören für mich ganz unterschiedliche Strategien zum Auftanken. Herumschlurfen geht bei mir zum Beispiel so:

Tu-nix-Tage oder Schlafanzug-Tage. Es sind diese Dates mit mir selbst, die mich rausholen aus Gedankenkarussells und Termin-Hamsterrädern. An Tu-nix-Tagen tue ich nicht zwingend gar nichts. Die einzigen beiden Regeln sind: Keine Termine im Vorhinein und ich mache nur das, was ich will. Will ich spontan Freunde treffen: Vielleicht hat ja jemand Zeit. Will ich den Schlafanzug einfach nicht ausziehen: wunderbar. Komme ich den ganzen Tag nicht vom Sofa hoch: Ich genieße das. Will ich arbeiten: auch ok.

Frische Luft und Bewegung als Ladestation für meine inneren Akkus. Sport gehört für mich zum Leben. Ob ich draußen mit meinen Stöcken walken gehe, drinnen auf dem Crosstrainer strampele oder einen Yoga-Flow durchgehe – all das hält Karussells und Hamsterräder an und gibt mir neue Energie. Je mehr ich zu tun habe, desto häufiger steht »Sport« in meinem Kalender.

Ein Tag in der Therme oder in den Bergen. Mein Entspannungsmodus springt am besten an, wenn ich mir Wärme in Sauna oder Thermalbad gönne oder ich in den Bergen unterwegs bin. Solche Tage plane ich bewusst ein. Je nach Wetter und Jahreszeit wird es dann die Bergtour, der Skitag oder der Thermenbesuch.

Thaimassage. Meine neueste Entdeckung ist die asiatische Kellerbude von Pen wenige Häuser weiter. Die knuffige Thai-Lady bietet Thaimassage an. Ich bin jedes Mal begeistert, denn die Masseurin mit dem herzlichen Akzent findet wie ein Trüffelschwein jede meiner Verspannungen und schafft es sanft aber spürbar, diese zu lockern – wahlweise mit ihren Händen, Ellbogen, warmen Steinen oder ihren Füßen. Eine Stunde bei Pen ist mein Ritual am Tag nach längeren Geschäftsreisen. Ich bin viel unterwegs, und immer, wenn ich wieder zu Hause ankomme, liege ich am nächsten Tag bei Pen auf dem Tisch.

Kaffeepausen. Ich liebe Kaffee. Wir haben eine ordentliche Maschine, die nicht nur Kaffee kocht, sondern mit der ich das Kaffeekochen zelebriere (um das zu perfektionieren, schaffe ich mir irgendwann eine große italienische Siebträgermaschine an!). Und dann nehme ich meinen Becher und setze mich in den Sessel am Fenster, lege die Füße auf die Heizung und genieße. Manchmal rufe ich in solchen Momenten meine Mutter an, die sich jedes Mal freut: »Hast du Kaffeepause? Wie schön!«. Die Denkpause, der Kaffee, ein paar liebevoll gewechselte Worte – so viel Wohltat bekomme ich in acht Minuten unter.

Diese kleinen Rituale geben meinem Alltag eine wohltuende Struktur. Aber Achtung: Sie wollen eingeplant und eingeübt werden.

Tipp

Überleg einmal, was dir guttut, was du vielleicht früher einmal gemacht hast, was aber deinem Terminkalender zum Opfer gefallen ist. Oder vielleicht entdeckst du was ganz Neues? Wichtig ist, dass du tust, was du willst und was dir hilft, aus kraftraubenden Spiralen rauszukommen. Falls du keine Ahnung hast, was das bei dir sein könnte, ich hätte da einen Tipp:
Auf der Website **www.manana-kompetenz.de** findest du den »Manana-Zonen-Test«. Den kannst du machen und so ganz einfach herausfinden, was dir hilft, abzuschalten und neue Energie zu tanken.

BUCHTIPP:
»Die Manana-Kompetenz. Auch Powermenschen brauchen Pause.« von Maja Storch und Gunter Frank, Piper Verlag, 2014.

Der Redakteur und Autor Jörg Varnholt hat mit seiner Familie einmal eine längere Auszeit gemacht: »Es war uns wichtig, in der Mitte des Lebens die Mühlen des Alltags anzuhalten und zu schauen, wo uns der Weg noch hinführt« schreibt er gemeinsam mit seiner Frau Anja im Buch »Eigentlich nordwärts«. Für die kleinen Stopps im Alltag hat er aber auch richtig gute Ideen.

Aus der Erfahrungsschatzkiste

Meine wöchentliche Mikroauszeit – ein Grund zum Feiern?!
Ich sitze auf dem Sofa und mache ein Gedankenexperiment: Zunächst überlege ich mir das Gegenteil des Begriffs »Ruhe« und komme auf folgende Wörter. Zu jedem davon suche ich dann wieder einen Gegenpart, ohne das Wort »Ruhe« wiederzuverwenden:

Lärm/Geräusche	*Stille*
Hektik	*Gelassenheit*
Bewegung	*Stillstand*
Anspannung	*Entspannung*
gedanklicher »Overflow«	*Konzentration*
handeln	*geschehen lassen*
tun	*sein*
Spannung	*Langeweile*
überall dicht dran sein müssen	*Abstand halten*
Ausbruch	*Einkehr*

»Auch die Pause gehört zum Rhythmus.«

Stefan Zweig, 1881-1942, österreichischer Schriftsteller

Jede Woche nehme ich mir bewusst einen Tag Auszeit – immer den letzten Tag der Woche. Die Begriffe in der rechten Spalte beschreiben, was ich an meinen Pausentagen erlebe. Es sind Auszeiten von dem, was in der linken Spalte steht – von meinem Alltag. Für mich ist dieser Pausentag eine himmlische Idee, die schon am Anfang der Bibel erwähnt wird: »Und Gott ruhte am siebten Tag von seinem ganzen Werk, das er gemacht hatte« (1. Mose 2, 2). Dabei fasziniert mich auch, dass wir immer noch eine Siebentagewoche haben, die darauf zurückzuführen ist.

Aber wie geht Nichtstun, Pausieren oder Ruhen? Normalerweise beginnt dieser Tag bei uns als Familie schon am Abend vorher, indem wir alles Alltägliche (Schulkram, Wäscheständer, Steuererklärung …) aus dem Sichtfeld verbannen und mit gutem Essen geschmeidig in den Abend gleiten. Manchmal gehen wir als Familie in die Natur und starten mit einem Picknick oder einer Andacht. Der Pausentag selbst hat viel mit Begegnung zu tun. Als gläubige Christen begegnen wir Gott, anderen, der Natur oder in der Stille uns selbst. Wenn ich auf die tägliche Betriebsamkeit verzichte, schaffe ich zunächst freie Zeit und damit auch freie Gedankenräume. So gönnen wir uns manchmal sogar den Luxus von Langeweile – eine wichtige Antriebsfeder für Kreativität und Neues.

Innehalten ist ein Prozess, den wir vielleicht schrittweise neu lernen müssen, den wir uns aber unbedingt regelmäßig gönnen und feiern sollten.

Mir ist es zudem sehr wichtig, an diesem Tag möglichst auf Konsum zu verzichten. Das heißt für mich auch, nicht im Internet zu shoppen. Es klingt vielleicht erst mal nach persönlichem Verzicht, aber gesellschaftlich gedacht hätte das einen großen Wert für uns alle: ein Tag, an dem fast niemand arbeiten müsste.

Selbst auf Reisen ist der Ruhetag ein besonderer Tag für mich: einen Tag lang nicht weiterziehen müssen, sondern an einem Ort verweilen (dürfen). So haben wir als Familie erlebt, dass wir auf einer Radreise am Tag vor unserem Ruhetag einen Speichenbruch hatten – und das mitten in Norwegens freier Natur. Zunächst ging das Sorgen-Karussell los: »Wo sollen wir hier das Ersatzteil bekommen?«, »Müssen wir vielleicht sogar umkehren?« Wir gönnten uns dennoch erst mal den Pausentag und vertagten die Sorgen auf den übernächsten Tag. Viel mutiger und gelassener sind wir anschließend weitergeradelt und haben völlig unerwartet am Straßenrand in einem Schrottcontainer die genau passende Speiche gefunden – für uns ein himmlisches Geschenk und eine Bestätigung!

BUCHTIPP:
»Eigentlich nordwärts« von Anja und Jörg Varnholt, adeo-Verlag, 2019.

- Wer jetzt denkt, »ein ganzer Ruhetag und das wöchentlich – das überfordert mich inhaltlich«, bekommt hier ein paar Ideen zur Gestaltung:
- 24 Stunden »ohne«. Lass zum Beispiel Bildschirm, Internet, Smartphone und Nachrichten aus und lass das Auto mal stehen
- Menschen bewusst wahrnehmen: Welche Augenfarbe hat der Mensch, dem du begegnest? Was macht ihn aus? Was hat er/sie zu sagen?
- Kreativ sein und Hobbys nachgehen wie malen, schreiben, dichten, stricken oder einen Garten gestalten.
- Sich Zeit nehmen für ein Buch
- In der Natur sein: wandern, picknicken, draußen übernachten
- Konsumverzicht: kein Shopping, auch nicht im Internet
- Gemeinsam musizieren und singen oder spielen
- Gedankenstille suchen und finden
- Zeit mit der Familie verbringen
- Zwei Stunden für ein Telefonat reservieren
- Gutes Essen zubereiten und genießen – oder das Essen vorbereitet im Ofen haben und nach dem Gottesdienst oder Ausflug ohne viel Aufwand genießen
- Freunde einladen
- Nichtstun
- Ein Gedicht auswendig lernen
- Laufen gehen – ohne GPS, ohne Uhr, ohne Fitness-App – und dabei auf den Atem hören
- Neue Wege in der eigenen Stadt erkunden
- Abwasch und Wäsche unbedingt liegen lassen (uns ist die Wäsche noch nie weggelaufen …)
- Sich um Menschen kümmern, die man lange nicht mehr gesehen hat

Jörg Varnholt (*1969) ist verheiratet und Vater von vier Kindern und lebt in Darmstadt. Er ist Autor, Redakteur und TV-Produzent und arbeitet bei Hope TV. Als leidenschaftlicher Fahrradfahrer versucht er, Mobilität neu zu denken, und liebt Reisen in Europas Norden.

Tipp

Neben den kleinen Auszeiten sind es natürlich auch die Urlaube, die wie Tankstellen wirken. Ob auf Outdoor-Entdeckungsreise oder am Strand – jeder hat seine eigene Strategie, die Seele baumeln zu lassen. Hast du dir darüber jemals Gedanken gemacht? Meine Erfahrung ist: Je mehr Klarheit ich über mich selbst gewinne und über das, was mir guttut, desto leichter finde ich meinen Traumurlaub und mögliche Mitreisende.

Praxis-Frage: Wie sieht dein erfolgreicher Erholungsurlaub aus? Mehrfachauswahl möglich. Personen mit gleichen Ergebnissen können entspannt gemeinsam auf Reisen gehen.

- *Aktiv:* Skifahren, Wandern, Tauchen oder Segeln
- *Kultur:* Museumsbesuche und Kirchenrallye
- *Städtetrip:* mit Reiseführer in der Hand losziehen und ein neues Kreuz auf deiner Karte der Hauptstädte zeichnen
- *Abenteuer:* mit Rucksack und Zelt durch Asien, Südamerika oder Norwegen
- *Strand und Sonne:* all inclusive und höchstens eine Sandburg bauen mit dem Nachwuchs
- *Kreuzfahrt:* nichts selbst organisieren, nicht selbst fahren, trotzdem viel sehen
- *Urlaub mit Tieren:* Esel-Trekking, Kameltour in der Wüste, Reiterferien
- *Fernreise:* lange fliegen und neue Welten entdecken
- *Die Nähe genießen:* kurz ins Auto steigen und schon erholt
- *Camping:* mit Zelt, Wohnwagen oder Wohnmobil die schönsten Plätze entdecken
- *Balkonien:* bloß keine Koffer packen
- *Pärchenurlaub:* nur die Liebe meines Lebens und ich
- *Gruppenreise:* mich mit vielen anderen von einem erfahrenen Guide leiten lassen
- *Freunde-Zeit:* mit einer Bande an Freunden unterwegs sein
- *Familienurlaub:* Eltern und Kinder und sonst niemand
- *Alleinreisende:* endlich mal Ruhe haben

Aus eigener Erfahrung kann ich Mutter-Tochter-Urlaube oder Patentantentage empfehlen, um der Seele neue Energie zu schenken. Was für die Eltern unter den Leserinnen und Lesern dieses Buches kurios klingen mag: Eine Freundin und ich packen einmal im Jahr freiwillig Kinder ins Auto und fahren mit ihnen in den Urlaub – nämlich unsere beiden Patentöchter. So kann man auch als Single in den Genuss kommen, Zeit mit Kindern zu verbringen.

Dein Gehirn merkt sich alles. Und wenn es dann etwas wahrnimmt, was es schon kennt, verknüpft es das mit entsprechenden Gefühlen. Düfte wirken besonders schnell im Gehirn. Sie nehmen quasi von der Nase keinen Umweg, sondern landen genau dort, wo Gefühle entstehen. Deshalb eignen sich Düfte ganz besonders gut als Erinnerungshilfen.

Das ist der Grund, warum ich vor Urlauben immer in aller Ruhe im Drogeriemarkt besonderes Shampoo und Duschgel aussuche. Und dann kaufe ich immer mindestens zwei Flaschen: eine zum Mitnehmen, eine für zu Hause. Im besten Fall ist der Urlaub ein Traum und mein Gehirn verknüpft all die Erfahrungen von Schönheit, Entspannung, Muße und Genuss mit dem Duft des Shampoos. Zu Hause angekommen werde ich dann bei jedem Duschen mit genau diesen Gefühlen beschenkt.

Das funktioniert auch mit Bildern (visuell), Gegenständen (haptisch), Essensgerichten (geschmacklich) und so weiter. Ist unser menschlicher Organismus nicht wundervoll? Ich staune regelmäßig darüber, wie wir konstruiert und geschaffen sind und wie einfach ich mir das Wissen darüber zunutze machen kann für mein Wohlbefinden und fürs rituelle Feiern.

BUCHTIPPS:

»Limbi. Der Weg zum Glück führt durchs Gehirn« von Werner Tiki Küstenmacher, Campus Verlag, 2014.

»Machen Sie doch was Sie wollen! Wie ein Strudelwurm den Weg zu Zufriedenheit und Freiheit zeigt« von Maja Storch, Hogrefe AG, 2016.

Auf den letzten Metern

»Alternde Menschen sind wie Museen:
Nicht auf die Fassade kommt es an, sondern
auf die Schätze im Innern.«

Jeanne Moreau, 1928-2017, französische Schauspielerin,
Regisseurin und Sängerin

Dankbar Abschied nehmen.
Weinen, jammern, schluchzen. Am Grab stehen. In die vielen Gesichter von Trauer starren. Fassungslosigkeit aushalten. Den Riss in der Seele flicken. Zusammenstehen und füreinander da sein. Sich erinnern. Schätze strahlen lassen. Hoffnung schüren. Ewigkeit fühlen.
Am Ende wird alles gut.

Abschied vom Zuhause

Wir Menschen können das Leben immer länger genießen. Laut dem Statistischen Bundesamt haben neugeborene Jungs derzeit eine Lebenserwartung von 78,5 Jahren, Mädchen von 83,3 Jahren. Es sind uns – rein durchschnittlich – also viele Jahre Leben geschenkt, in denen wir Meilensteine und Alltag feiern, genießen und bedenken können.

Mit dem Alter nehmen naturgemäß unsere körperliche Leistungsfähigkeit und oft auch unsere Gesundheit ab. Und dann kommen ganz neue Meilensteine, die es zu zelebrieren gilt. Oftmals sind es dann eher die schweren, schmerzhaften, die aber auch entsprechend gewürdigt werden wollen.

Irgendwann im Leben gibt es zum Beispiel diesen Moment, in dem man sich von seinem geliebten Zuhause verabschieden muss. Wenn du nicht durch einen plötzlichen Tod aus dem Leben gerissen und Füße vorwärts aus dem Haus getragen wirst, gilt es für die meisten Menschen irgendwann, ganz bewusst Ade zu sagen: Du ziehst ein letztes Mal von zu Hause aus.

Aus der Erfahrungsschatzkiste

Ein letzter Umzug
Während ich diese Zeilen schreibe, zieht der beste Freund meiner Eltern zu Hause aus. Seit eineinhalb Jahren steht die Diagnose: Er leidet an einer seltenen Erkrankung, die nach und nach die Tätigkeit seines Gehirns zerstört. Hans kann mit Anfang 70 nicht mehr laufen, das Umsetzen von einem Sessel in den Rollstuhl fällt immer schwerer, auch Essen und Trinken klappt nicht mehr so recht – von allem, was mit Körperhygiene zu tun hat, gar nicht zu sprechen. Seine Frau Jana kann nach vielen Monaten immer intensiver werdender Pflege nicht mehr. Sosehr sie gerne möchte: Sie schafft die Pflege ihres geliebten Mannes nicht mehr. Trotz der Unterstützung eines Pflegedienstes. Und so zieht Hans heute um in ein Pflegeheim. Vor wenigen Wochen waren die beiden gemeinsam dort, haben sich alles angeschaut. Auf die Frage, ob Hans sich vorstellen könnte dort zu leben, kam ein lautes »Nein!« aus seinem starr gewordenen Mund. Natürlich will er lieber zu Hause wohnen bleiben. Ob er einsehen kann, dass seine Frau ihn zu Hause im wahrsten Sinn des Wortes nicht mehr tragen kann?

Diese Momente sind so schwer! Es gehört eine ordentliche Portion Trauer dazu, für beide. Resignation bei Jana, die gerne viel mehr leisten würde, es aber einfach nicht kann. Angst bei Hans, der ohnehin nicht genau versteht, was mit ihm passiert. Sie weinen beide an diesem Tag. Und in den nächsten Tagen auch. Vor allem dann, wenn Hans zu Jana diesen Satz sagt: »Jetzt hast du mich abgeschoben!« Immer wieder.

»Du schaust in den Spiegel und merkst, dass dir was fehlt.
Und spürst, dass es deine Zukunft ist.«

Woody Allen, *1935, US-amerikanischer Komiker, Autor, Schauspieler und Regisseur

Sie werden in Zukunft mehrmals in der Woche wertvolle Zeit miteinander verbringen. Und das wird gut sein, für beide. Aber vom gemeinsamen Leben unter einem Dach verabschieden sie sich am heutigen Tag. Und das ist schwer nach 50 Jahren Seite an Seite.

Jana erzählte mir während meines Besuchs bei ihnen vor einigen Wochen, dass sie große Angst habe, die Liebe zu ihrem Mann könne vor lauter Pflege in Wut umschlagen: Wenn der Sessel wieder nass ist, weil die Windel übergelaufen ist. Oder sie beide auf dem Fußboden landen, weil sie ihn einfach nicht mehr halten kann und sie über den Notfallknopf Hilfe ruft.

Sie spürt, dass da schlimme Gefühle in ihr aufkeimen, und kämpft tapfer dagegen an. Die Entscheidung, die Pflege ihres Mannes in einer Rund-um-die-Uhr-Pflegeeinrichtung sicherzustellen, ist ihre mutige und gleichzeitig so schmerzhafte Entscheidung für die Liebe. Und es ist eine so schwere Entscheidung. Da spielt Versagen mit: »Hätte ich es nicht doch noch schaffen können, ihm bis zum Ende ein Leben zu Hause zu ermöglichen?« Und der Gedanke des zu frühen Aufgebens: »Wie kann ich meinen Mann nur so im Stich lassen?!« Und natürlich die Trauer: »Unser Leben neigt sich jetzt wirklich dem Ende zu – unser gemeinsames auf jeden Fall, und zwar heute.«

Ich habe es in den vergangenen Jahren mehrmals mitbekommen, dass pflegende Angehörige aufgeben müssen um ihrer selbst willen, und ihre Lieben in ein Pflegeheim umsiedeln. Diese Entscheidungen fallen nie leichtfertig. Ich habe noch nie erlebt, dass Menschen von ihren Angehörigen lieblos abgeschoben werden (obwohl es das sicherlich auch gibt).

In meinem Erleben ist diese Entscheidung immer eine mir selbst gegenüber sehr liebevolle und ehrliche Entscheidung – und damit auch gegenüber dem zu Pflegenden: Denn bevor die Wut aufkommt wegen übergelaufener Windeln oder Verletzungen, die mir der erkrankte Angehörige unbewusst zufügt, ist eine Liebe-volle Entscheidung für externe Pflege sehr mutig. Ich werbe stets dafür. Denn mehrmals die Woche Qualitätszeit miteinander zu verbringen und unbeeindruckt von den Rahmenbedingungen (um die sich dann andere kümmern) zu lieben, ist aus meiner Sicht so viel wertvoller, als krampfhaft und über die eigenen Kräfte hinaus an der häuslichen Pflege festzuhalten.

Umso wichtiger ist es, ein Leben lang Erinnerungen zu sammeln – denn von denen können wir zehren. Besonders am Ende des Lebens ist diese Schatzkiste dann prall voll und wir haben viel zum Feiern und Dankbarsein!

Aus diesem Grund sind zum Beispiel Fotoalben und Familienfilme für Menschen spätestens gegen Ende des Lebens so wichtig. Bei den Erinnerungen fließen oft Tränen – der Freude, dass es diese Zeiten gab, und der Trauer, dass sie nun vorbei sind. Und besonders wenn die Gedächtnisleistung, das Sehen und das Hören nachlassen, sind vertraute Ankerpunkte hilfreich: der Duft von zu Hause, den ein Kissen verströmt; die Farben der Gardinen, die man schon seit vielen Jahren vor den Fenstern kennt; die Lieblingssüßigkeit und vor allem die warmen Hände derer, die man liebt.

Der Abschied vom Zuhause und der Umzug in eine Seniorenresidenz können natürlich auch gewollt und geplant stattfinden. Meine Zieh-Oma ist nach ihrem Ruhestand bewusst umgezogen, von Berlin-Mitte in ein Haus an der Ostsee. Dort wohnte sie zunächst in einer eigenen Wohnung, mit der Möglichkeit der Komplettversorgung, Betreuung und Pflege, die sie tatsächlich später auch in Anspruch nahm. Wer sich für diesen Weg bewusst und früh entscheidet, kann selbst nur gewinnen und erleichtert auch den Angehörigen die eine oder andere Entscheidung. Und das Auflösen eines Hausstandes.

Unsere letzte Station

Manchmal viel zu früh, viel zu plötzlich und viel zu grausam, manchmal ganz friedlich am Ende eines erfüllten Lebens – egal, wie, traurig ist der Tod immer.

Jeder geht mit traumatischen Erlebnissen und auch mit Tod und Trauer ganz anders um.

Die einen verkriechen sich, andere landen in tiefen Depressionen, die Nächsten schreien viel – oder schreiben –, und wieder andere reden ohne Unterlass. Die meisten von uns weinen auch. Das ist die ausdrucksstärkste Reaktion unserer Seele, die sich über den Körper ausdrückt. Und dann gibt es da noch so viel mehr. Jeder trauert anders! Diese Erkenntnis ist für alle, die mit Trauernden zu tun haben, sehr, sehr wichtig.

Ich selbst war einmal auf der Beerdigung des Sohnes von Bekannten und anschließend zum »Leichenschmaus« im Garten der Familie eingeladen. Ich hatte keine Ahnung, wie ich der trauernden Familie begegnen sollte. Weißt du, was ich gemacht habe? Ich habe genau das gesagt. Und dann einfach gefragt, ob ich sie in den Arm nehmen dürfe. Ich durfte – und das hat irgendwie auch mir gutgetan.

Es ist so wichtig, unserer Sprachlosigkeit in solchen Situationen Ausdruck zu verleihen. Und zwar nicht durch unbeholfene Floskeln, die wir einander um die Ohren hauen, sondern durch liebevolle Ehrlichkeit. Was Trauernden in der Regel am meisten hilft? Neben ihnen sitzen, wenn gewünscht in den Arm nehmen und einfach mitweinen. Und die ehrliche Aussage: »Wenn ich dir mit etwas helfen kann, lass es mich wissen!«

Eine Postkarte mit dem Trauer Bullshit Bingo kannst du downloaden oder kaufen unter www.iris-willecke.de/trauer-bullshit-bingo

WAS TRAUERNDEN WIRKLICH HILFT (TEIL 2)

Susanne (*1972) – ihre Geschwister starben beide nach schweren Krankheiten

Was hilft mir in meiner Trauer am meisten?
Jemanden zur Seite zu haben, der nicht ständig fragt, wie es mir geht, sondern der einfach da ist. Jemanden, der mich in dem ganzen Orgakram rund um Krankheit, Sterben und Tod ganz rational begleitet und mir hilft, die Entscheidungen zu treffen, die ich treffen musste.

Was wünsche ich mir von anderen?
Dass sie ihre Neugierde zurückstecken, keine Fragen stellen, sondern warten, bis ich bereit bin zu erzählen. Ich wünsche mir Zeit.

> »Am Ende der Suche und der Frage nach Gott steht keine Antwort, sondern eine Umarmung.«
>
> Dorothee Sölle, 1929-2003,
> evangelische Theologin und Dichterin

Marzia (*1979) – ihr fünfjähriger Sohn Matteo starb bei einem Verkehrsunfall

Was hilft mir in meiner Trauer am meisten?
Mir hat geholfen – und das hat mir schlicht auch Wertschätzung entgegengebracht –, dass viele für mich gebetet haben. Ich hatte das Gefühl, dass die ganze Welt für mich betet!

Mir hat auch ein guter Sinn für die Realität geholfen. Immer wieder hat mich irgendjemand oder irgendeine Situation auf den Boden der Tatsachen zurückgeholt. Wenn andere mir zum Beispiel gesagt haben, wie schlimm das alles doch sei, war mir immer wieder klar, dass das wohl stimmt, aber dass es auch viel anderes Schlimmes in der Welt gibt. Mein Schicksal ist hart, ja, aber das von anderen auch. Ich will nichts bewerten – was schlimm ist, entscheiden wir immer selbst. Ich bin niemals die Einzige auf der Welt, der es schlecht geht. Dieses bewusste Denken hat mich vor der depressiven Selbstmitleidsschleife bewahrt.

Was wünsche ich mir von anderen?
Dass andere mir nicht irgendwelche guten Ratschläge geben, sondern mich in den Arm nehmen, zuhören, mir das Gefühl geben, dass das, was ich empfinde, nicht falsch ist. Das finde ich total wichtig! Das Thema Tod und Trauer wird zu viel verdrängt – dabei gehört es zum Leben dazu. Und es muss auch dazugehören dürfen. Diese oft lieb gemeinte Aussage »Ich weiß genau, wie du dich fühlst« hilft mir nicht. Andere verstehen selten, wie ich mich fühle. Das brauchen sie ja auch gar nicht. Jede Situation ist anders, auch wenn sie ähnlich sein mag. Ich möchte auch kein »Hör doch auf zu weinen« oder »Du musst doch nicht weinen!« hören. Ich möchte, dass andere mich weinen und reden lassen und dass sie mich dann in den Arm nehmen und mit mir weinen. Ich wünsche mir offene Ohren!

Narben zu Kunstwerken machen

Aus einer großen Narbe an ihrer linken Wade hat Marzia mittlerweile ein Kunstwerk der Erinnerung machen lassen. »Niemals lasse ich mir ein Tattoo stechen!« war jahrzehntelang ihr Credo. Nun ziert ein buntes Watercolour-Tattoo mit Bedeutung ihren linken Unterschenkel. Alle in der Familie lieben Musik, für Marzia ist sie Beruf und Berufung zugleich, denn sie arbeitet als Sängerin. Ein großer Notenschlüssel zeugt davon, die drei Noten stehen für jedes ihrer Kinder. Die mit dem Stern ist für Matteo, denn er ist ja im Himmel. »Wenn ich dieses Tattoo sehe, klopft mein Herz, weil es so schön ist und ich in dem Moment immer an alle meine Kinder denke«, sagt Marzia mit einem Funkeln in den Augen.

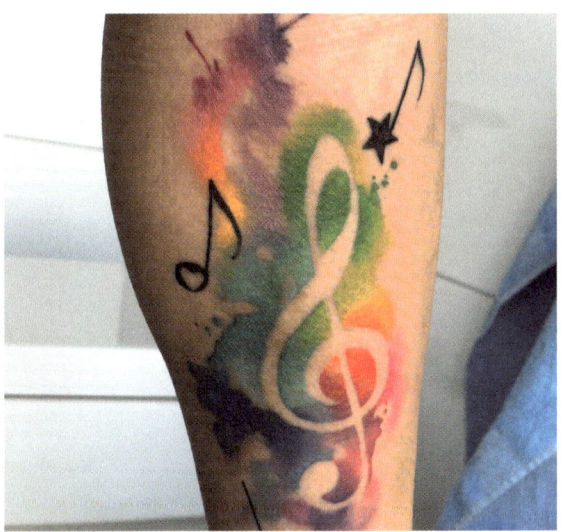

Carina (*1980) – hat ihr ungeborenes erstes Baby durch eine Fehlgeburt verloren

Was hilft mir in meiner Trauer am meisten?
Wir als Paar haben eine Woche nach der Fehlgeburt etwas Kleines gepflanzt und haben damit losgelassen und das, was uns verloren gegangen war, an die Natur zurückgegeben.
Ich habe außerdem ein Kreuz aus Holz, das sich in meine Hand schmiegt. Für mich ein Zeichen und Gefühl: Es gibt eine andere Dimension, die viel größer ist – und daran und an dieser Hoffnung im wahrsten Sinne des Wortes *festzuhalten* tut mir immer gut.

Was wünsche ich mir von anderen?
Es sind Kleinigkeiten, kleine Gesten. Ein Blumenstrauß zum Beispiel, den mir Freunde schickten und der Leben in die Wohnung gebracht hat. Es ist für mich einfach wichtig, dass ich weiß und merke: Andere wissen um meine Situation und wie es mir geht und denken an mich.

Hendrik (*1964) und Birgit (*1961) – deren Mutter und Schwiegermutter im Alter von 82 Jahren und nach einem erfüllten Leben verstorben ist

Was hilft mir in meiner Trauer am meisten?
Die Gewissheit, dass es ein Wiedersehen geben wird und dass alles in unserer gemeinsamen Lebenszeit geklärt war und wir uns nichts schuldig geblieben sind. Wir sind dankbar, dass wir die Zeit bis zuletzt genutzt haben und trotz so mancher gesundheitlicher Einschränkung ein bisschen Lebensfreude verschenken konnten.

Was wünsche ich mir von anderen?
Dass mein Gegenüber meine Trauer wahrnimmt, mir ein offenes Ohr schenkt, aber auch akzeptiert, dass ich Zeiten der Stille brauche. Auch Trauer hat seine Zeit und allein dem Trauernden ist es vorbehalten, den Zeitpunkt des Loslassens und der dankbaren Erinnerung zu setzen.

BUCHTIPPS:
»Trauer durchleben. Was Trauernden helfen kann« von Stefan Bitzer, Verlag Down to Earth, 2017.

»Das letzte Fest: Neue Wege und heilsame Rituale in der Zeit der Trauer« von Nicole Rinder und Florian Rauch, Gütersloher Verlagshaus, 2016.

DIE PERFEKTE BEERDIGUNG…

…gibt's nicht, weil es perfekt wäre, der Verstorbene wäre gar nicht tot, sagt Stefan Bitzer, Trauerbegleiter und Beerdigungsredner. Aus seiner Erfahrung ist die entscheidende Frage, was dir wichtig ist bei dieser »Veranstaltung«: Willst du das Leben des Verstorbenen würdigen, willst du der Familie und den Freunden helfen, Abschied zu nehmen, oder willst du vor allem die Erwartungen und Bedürfnisse anderer erfüllen?

Mach dir klar, was dir wichtig ist – und lass dir die folgenden vier Tipps eine Anregung sein.

Aus der Erfahrungsschatzkiste

Was bei einer Beerdigung oder Trauerfeier wirklich wichtig ist

1. **Geht nicht gibt's nicht.**
   Du entscheidest, welche Lieder gesungen oder gespielt werden. Das müssen nicht nur die klassischen Beerdigungssongs sein, sondern können bzw. sollten Lieblingslieder des Verstorbenen sein. Muss es als Deko unbedingt den (teuren) Kranz geben oder kann das nicht auch was Persönliches sein? Stell die Harley oder das Fahrrad des Verstorbenen in die Kapelle neben den Sarg, nimm die Orchideen, die der Verstorbene gezüchtet hat, als Blumendeko, lass die Enkel etwas basteln usw.

Neben der klassischen Bestattung in Sarg oder Urne auf einem Friedhof gibt es viele andere Möglichkeiten, zum Beispiel diese:

See-Bestattung: Nord- oder Ostsee? Die Asche des Verstorbenen wird während einer Schifffahrt und im Rahmen einer Trauerfeier an Bord in bestimmten Gebieten im Meer verstreut.

Weltraum-Bestattung: in die Erdumlaufbahn, auf den Mond oder schlicht ins All? Wenige Gramm der Asche werden in eine kleine Kapsel gefüllt und mit einer Trägerrakete in den Weltraum geschossen. Diese Art der Bestattung ist allerdings etwas kostspieliger.

Stadion-Bestattung: Mitten auf dem »heiligen Rasen« oder hinter der Torlinie? Viele englische Stadien erlauben es, dass Asche von Verstorbenen dort verstreut wird.

Almwiesen-Bestattung: Rechts oder links von der Alm? In der Schweiz werden Bestattungen auf Almwiesen immer beliebter. Die Asche wird dann schlicht auf einer Almwiese hoch oben verstreut oder beigesetzt.

Luft-Bestattung: Eine Freundin von mir hat die Asche eines nahen Verwandten mit einem Heliumballon aus Latex in den Himmel steigen lassen. Der Verstorbene wollte nicht, dass Angehörige an einem Ort um ihn weinen – aber er ist immer gerne gereist. Zudem waren die Angehörigen gläubig und sind sich sicher, dass der Verstorbene nach seinem Tod im Himmel ankam. Daher passte diese Art der Bestattung sehr gut. Die Trauerfeier mit diesem Ritual der Himmelfahrt musste allerdings in den Niederlanden zelebriert werden, in Deutschland ist diese Form nicht erlaubt.

»Die Menschen, die täglich mit dem Tod zu tun haben, fürchten ihn am wenigsten.«

Eckhard von Hirschhausen in der ARD-Produktion
»Hirschhausen im Hospiz – wie das Ende gelingen kann« (2019)

2. Bei der Trauerfeier geht es nicht so sehr um Trost, sondern um Würdigung des Verlustes.

Mir sind viele Trauerredner zu schnell bei »Wir sind so dankbar, dass er jetzt im Himmel ist«. Wir trauern unseretwegen, weil wir den anderen vermissen, weil unser Leben Kopf steht, weil wir nicht wissen, wie es weitergehen soll ohne den anderen.

3. Der Trauer Ausdruck verleihen.

Oft tut es gut, etwas zu tun. Auch, weil man sich dann nicht so hilflos fühlt. Bei vielen Beerdigungen wird nicht mehr gesungen, aber vielleicht kann man etwas anderes machen. Eine Kerze anzünden, einen letzten Gruß auf den Sarg schreiben, was Persönliches sagen und – ganz wichtig! – danach noch zusammenbleiben zum Trauerkaffee, um miteinander zu reden und gemeinsam zu trauern.

4. Erinnerungen tun gut.

Deshalb kann es auch sehr wertvoll sein, den Trauergästen während der Abschiedsfeier die Möglichkeit zu geben, von eigenen Erinnerungen zu erzählen. Typisches, Anekdoten, warum ich den Verstorbenen vermisse, an was ich denke usw. Das ist nicht nur für die Angehörigen sehr wertvoll.

Stefan Bitzer, *1969, ist Vorsorge- und Trauerberater, liebt seine Kinder und seine zweite Frau Brigitte, das Leben, gepflegten Wortwitz und Zeiten mit seinen Freunden. Er lebt mit seiner Familie am Fuße der Schwäbischen Alb.

Darf eine Beerdigung schön sein?

Regelmäßig erlebe ich es nach Beerdigungen, dass Angehörige oder Gäste mit vorgehaltener Hand zu mir sagen: »Ich weiß gar nicht, ob man das sagen darf, aber das war gerade die schönste Beerdigung, die ich je erlebt habe!«

»Natürlich darf man das sagen!« schießt es dann oft aus mir heraus. Mich freut es, wenn ich als Trauerrednerin die Menschen mit einem schönen Abschied beschenken darf. Ich finde, dass Trauerfeiern auch lustig, fröhlich und eben: schön sein dürfen. Traurig sind sie eh immer. Für mich geht es darum, einem Leben den letzten Schlusspunkt zu setzen. Und bei allen Tränen darf da die dankbare Erinnerung im Mittelpunkt stehen an den Menschen, den es endgültig zu verabschieden gilt. Und wenn die Gäste der Trauerfeier diese Zeremonie als schön erleben, ist das doch der beste Abschied, den es geben kann.

Muslimische Beerdigung: Exzessives und lautes Trauern

Muslimische Beerdigungen haben festgelegte Regeln. Sehr häufig werden Muslime in ihrem Heimatland oder dem ihrer Eltern beigesetzt. Muslime müssen von ihren Glaubensregeln her eigentlich innerhalb von 24 Stunden nach dem Tod bestattet werden. Das lassen Gesetze in vielen Ländern nicht zu; in Deutschland zum Beispiel darf ein Mensch frühestens 48 Stunden nach dem Tod bestattet werden. Außerdem sieht der Islam eine Bestattung ohne Sarg, nur im Leinentuch, vor; auch das ist in Europa oft schwierig, wird aber vielerorts ermöglicht. Die islamische Trauerfeier und Bestattung laufen nach einem umfassenden Ritus ab: Waschung, Gebete, Segnung und Begräbnis in die Erde gehören dazu. Das Weiterleben der Seele wird gefeiert, verabschiedet wird nur der Körper – und dies lautstark: Schluchzen, Ächzen und Schreien gehört bei muslimischen Beerdigungen und Trauerfeiern dazu.

Jüdische Beerdigung: Es geht ein Riss durch die Seelen der Hinterbliebenen

Für Juden ist der Tod ein Teil des Lebens. Juden glauben genauso wie Christen und Muslime an ein Leben nach dem Tod.

Die Bestattung ist nicht nur Sache der jüdischen Familie, sondern auch der »Heiligen Beerdigungsbruderschaft«. Diese ist Teil der Gemeinde und kümmert sich um die Angehörigen und die gesamte Bestattung. Traditionellen Juden ist von ihrem Glauben her nur eine Erdbestattung erlaubt, weil sie an die körperliche Wiederauferstehung bei der Ankunft des Messias glauben, und diese sollte so schnell wie möglich erfolgen. Wie bei muslimischen Beerdigungen wird der Leichnam hier auch nur in ein Leinentuch gewickelt. Zur Bestattungszeremonie gehört eine Trauerfeier auf dem Friedhof, während der unterschiedliche Personen Reden halten und Gebete in hebräischer Sprache sprechen. Angehörige zerreißen eines ihrer Kleidungsstücke als Symbol für den Riss, den die Seele durch den Verlust des geliebten Menschen erlitten hat. Auf dem Weg zur Grabstelle werden Gebete und Psalmen gesprochen. Auf das Grab legen die Juden dann kleine Steine als stillen Gruß.

Jedes Jahr Anfang November zelebrieren die Mexikaner ihr größtes Fest des Jahres: »Día de los Muertos« – den Tag der Toten. An diesem Tag empfangen die Mexikaner die Seelen ihrer Verstorbenen in ihrem Haus, denn sie glauben traditionell an ein Leben nach dem irdischen Leben. In der Nacht vom 1. auf den 2. November kommen die Seelen der Verstorbenen zu Besuch, so der Glaube. Und dieser Besuch wird akribisch vorbereitet und dann farbenfroh und fröhlich zelebriert. So ein bunter Umgang mit dem Tod und den Toten hilft, das Traurige zuzulassen und zu verarbeiten. Und dieser Tag strotzt nur so von der Freude aufs Wiedersehen und der Hoffnung auf ein Leben nach dem Leben.

In vielen europäischen Kirchen wird am Ende des Kirchenjahres – also meist am letzten Sonntag im November, auf jeden Fall am letzten Sonntag vor dem ersten Advent – der Verstorbenen gedacht. Es ist der christliche Feiertag »Totensonntag« oder »Ewigkeitssonntag«, wenn im Gottesdienst die Namen aller im vergangenen Jahr Verstorbenen verlesen werden. Das ist für Hinterbliebene oft ein wichtiger Tag. Leider ist er nicht so bunt und lebendig wie in Mexiko. Aber auch wir haben in unserer Kultur eine hoffnungsvolle Tradition.

Gute Frage ...

Der Leichenschmaus: Ein Funken Hoffnung?

Manch einer wundert sich vielleicht über diese seltsam wirkende Tradition, dass nach der Trauerfeier oder Beerdigung zum gemeinsamen Umtrunk geladen wird. Ist das nicht ein unpassender Moment für vermeintlich ausgelassenes Beisammensein?

Nein, ist es nicht – sagen die, für die der Tod nur der Übergang in ein neues Leben ist.

Christen zum Beispiel wissen aus der Bibel von einem großen Festmahl. Jesus hält es kurz vor seinem Tod ab. Und Christen glauben an ein nächstes Festmahl gemeinsam mit dem auferstandenen Jesus in der neuen Welt Gottes. Der Leichenschmaus ist also ein Ausblick auf das, was kommt. Ein Funken Hoffnung an einem überaus traurigen Tag, die unerschütterliche Zuversicht auf ein Wiedersehen mit allen Lieben.

»Das Leben ist schon was sehr Besonderes. Das fällt mir unter anderem bei Abschiedsfeiern auf. Deshalb lasst es uns gestalten, genießen, auskosten, mit allen Sinnen erleben. Freundschaften gestalten, Gelegenheiten nutzen, schwere Zeiten gemeinsam durchstehen und heute für gute Erinnerungen sorgen. Ich wünsch dir ein schönes, wertvolles, ansteckendes, reiches Leben!«

Stefan Bitzer, *1969, Vorsorge- und Trauerberater

Abschied feiern

Schon lange stelle ich mir diese Frage: Warum verabschieden wir uns von Sterbenden meist erst nach ihrem Tod? Es mag makaber klingen, aber ein langsames Sterben – zum Beispiel aufgrund von Krankheit – ist für mich einfacher auszuhalten als ein plötzlicher Tod. Denn Ersteres gibt mir die Möglichkeit, bewusst und in Ruhe Abschied zu nehmen. Diese Möglichkeit nutzen wir viel zu selten, finde ich. Wir verharren oft im Schock der Diagnose und in der Trauer über das schlimme Schicksal. Beides ist absolut berechtigt. Aber: Wie heilsam kann es sein, auch den Abschied bewusst wahrzunehmen und zu gestalten!

Vor über zwanzig Jahren habe ich solch ein Abschiedsfest am Rande mitbekommen, das in einer Kirchengemeinde in meiner Nähe gefeiert wurde. Ich habe mit dem Witwer von damals gesprochen und mir erzählen lassen, wie das war, als seine Frau Bettina erkrankte, und sie auf die Idee kamen, ein Abschiedsfest zu feiern.

Aus der Erfahrungsschatzkiste

Ein Abschied in Dankbarkeit
Es war Anfang Dezember 1997, als Ärzte mit voller Wucht diese Diagnose ins Leben von Bettina und Rainer warfen: Lungenkrebs, nicht heilbar, nur noch wenige Wochen zu leben.

Bettina war gerade 37 Jahre alt, seit zehn Jahren mit Rainer verheiratet, beide mitten im Leben stehend. Ungewöhnlich schnell akzeptierte Bettina die Diagnose und schloss – nach einigen Wochen des intensiven Zweifelns, Haderns und Rebellierens – Frieden mit ihrem Schicksal. In ihrem Herzen überwog die Dankbarkeit für 37 Jahre reiches Leben. Sie war bereit zu gehen, auch wenn sie natürlich lieber hätte bleiben wollen.

Die Krankheit verlief sehr schnell, bereits wenige Wochen nach der Diagnose ging es ihr sehr schlecht. Sie ahnte, dass sie bald sterben würde, und sie wusste, dass sie keine Kraft haben würde, sich von allen zu verabschieden. Aber das wollte sie. Also organisierte sie gemeinsam mit ihrem Mann und einigen Freunden ein Abschiedsfest.

An einem Januarsonntag lud sie alle Freunde, Arbeitskollegen, Bekannten, Geschäftspartner und natürlich ihre Familie in den Gottesdienstsaal einer Kirche ein. Der Pastor hatte sein Okay gegeben, auch wenn ihm diese Idee sehr suspekt war. Er kannte es bislang wohl eher, dass man sich von einem Menschen erst nach seinem Tod verabschiedet.

Es war ein fröhlicher Nachmittag: bunt, wertschätzend, mit viel Lachen, Musik und Abschiedsworten von Bettina. Sie war schon stark von der Krankheit gezeichnet, hatte durch die Chemotherapie alle Haare verloren, das Kortison hatte ihren Körper aufgedunsen, sie konnte nicht mehr laufen und saß im Rollstuhl. Doch sie strahlte von innen heraus, so erzählte es mir ihr Mann Rainer Wälde. »Die rund 300 Gäste waren erstaunt über Bettinas Lebensfreude und ihre Dankbarkeit für das Leben, das ihr geschenkt war.«

Bettina hatte sich zu diesem Anlass eine Perücke anfertigen lassen. Kurz vor der Feier nahm sie diese aber wieder runter von ihrem Kopf: »Meine Freunde dürfen mich so sehen, wie ich jetzt eben aussehe. In Gottes Augen bin ich immer noch schön!«, sagte die gläubige Frau, die jahrelang als Typ-Beraterin gearbeitet hatte.

Dieses Fest gab Bettina übrigens eine unbändige Kraft. Sie lebte anschließend noch neun Monate, was niemand erwartet hätte. Ihre Beerdigung im Spätsommer war dann fast nicht mehr wichtig, weil der Abschied ja längst stattgefunden hatte.

Solch ein Abschiedsfest kann für einen Trauerprozess sehr hilfreich sein, sagte mir Rainer Wälde, Bettinas Ehemann, der heute als Journalist, Berater und Filmemacher tätig ist.

Ein Abschiedsfest kann ebenfalls für den Sterbenden selbst wichtig sein: Er hat ein gutes Ende, kann im Frieden abschließen und sich von allen bewusst und aktiv verabschieden.

Es ist auch ein kräfte-ökonomisches Thema: Für Schwerstkranke ist es schier unmöglich, sich von 300 Leuten einzeln zu verabschieden – da fehlt meist die Kraft. Ein Fest für alle macht es möglich.

Die, die bleiben, haben die Möglichkeit, bewusst Abschied zu nehmen. Ja, das ist schmerzhaft und tränenreich und auch sehr ungewohnt, aber so heilsam, denn ich habe die Chance zu begreifen, was passiert, und dem, der gehen wird, noch einmal all das zu sagen, was ich gerne sagen möchte. Wertschätzung in alle Richtungen steht hier im Vordergrund. Und die Dankbarkeit.

BUCHTIPP:
»Bis zur Tür des Himmels« von Rainer Wälde, Schulte & Gerth, 1999.

Oft höre, lese und sehe ich es in den täglichen Nachrichten, so was wie »Heute wäre XYZ 100 Jahre alt geworden« oder »Heute vor 50 Jahren starb XYZ«. An ihren Geburts- oder Todestagen erinnern wir uns gerne an liebe Menschen. Deshalb hört das Feiern und Bedenken nicht mit dem Tag des Todes auf, sondern es darf weitergehen, zumindest mein eigenes Leben lang. Sich am jeweiligen Geburtstag an gemeinsame Feste zu erinnern und am Todestag eine Kerze zu entzünden schürt die dankbare Erinnerung, und die kann so heilsam sein.

Eine Tradition am Todestag ist, das Grab des Verstorbenen zu besuchen und den Grabschmuck zu erneuern, zum Beispiel frische Blumen oder ein Grablicht aufzustellen. Ich persönlich finde es auch schön, Kerzen von besonderen Festen, also Tauf-, Firm- oder Hochzeitskerzen an solch einem Gedenktag anzuzünden.

> »Wenn das Leben endlich ist –
> wann fängst du endlich an zu leben?«
>
> Eckhard von Hirschhausen in der ARD-Produktion
> »Hirschhausen im Hospiz – wie das Ende gelingen kann« (2019)

Noch ein paar Praxistipps zum Schluss

»Ich habe einen ganz einfachen Geschmack:
Ich bin immer mit dem Besten zufrieden.«

Oscar Wilde, 1854-1900, irischer Schriftsteller

Anlässe entdecken.
Pläne schmieden. In sich hineinhören. Das Passende finden. Essen bestellen. Getränke aussuchen. Sparschweine schlachten und Budgets bestimmen. Dienstleister engagieren. Helfer akquirieren. Einladungen verschicken und Gästelisten erstellen. Kerzen anzünden und das Büfett eröffnen. Feste feiern.

Wenn du noch nicht genug vom Feiern hast

Wie du beim Lesen dieses Buches sicher schon gemerkt hast: Ich feiere sehr gerne. Und am liebsten alles. Feiern halte ich für sehr wichtig, denn:

> »Ein Leben ohne Feste ist wie eine lange Wanderung ohne Einkehr.«
>
> Demokrit, 460-370 v.Chr., griechischer Philosoph

Ich persönlich bin nicht der Fan großer Feste. Ich habe es gerne klein, dafür sehr fein. Also sammle ich eher 15 meiner liebsten Freunde und engsten Familienangehörigen um einen Tisch mit feinem Essen, als dass ich die große Party in einem Club schmeiße. Was hier richtig ist, entscheidest aber du selbst. Oft zwängen wir uns beim Feiern in ein Korsett aus Erwartungen, Ansprüchen und diesem »Das–haben–wir–schon–immer–so–gemacht–in–unserer–Familie-Druck«. Ich kann dir nur raten: Bleib dir selbst treu und feiere so, wie du Freude dran hast. Hier ein paar Ideen:

Überraschungsparty: Ich selbst organisiere die total gerne für andere, hasse es aber, selbst mit so was überrumpelt zu werden. Eine Überraschungsparty kannst du übrigens auch in Auftrag geben, nach dem Motto »Denkt euch was Schönes aus für mich!«

Kochkurs: Gemeinsam mit ein paar Leuten kochen, dabei was lernen und schließlich gemütlich zusammensitzen und essen – eine wundervolle Form der feierlichen Geselligkeit, wie ich finde.

Mottoparty: Die 20er-Jahre-Partys sind derzeit der Renner. Auch Schlagerpartys funktionieren meiner Erfahrung nach immer. Eine Mottoparty gibt einen kreativen Rahmen vor, der den meisten Leuten viel Spaß bringt.

Das Besondere: Ein edles Restaurant an einem besonderen Ort? Ein Theaterbesuch? Das beste Essen? Eine ausgiebige Shoppingtour? Ein Wellnesstag in der Therme? An einem persönlichen Feiertag etwas zu tun, was du sonst nicht tust, sorgt ja schon für eine besondere Atmosphäre und damit für beste feierliche Voraussetzungen.

Pot-Luck-Party: Vor allem bei kleinem Geldbeutel eine gute Idee. Du stellst nur den Raum und vielleicht noch ein bissl Deko und Geschirr und Besteck, den Rest machen deine Gäste. Pot-Luck kommt aus Nordamerika, bedeutet wörtlich »Topf-Glück« und heißt: Jeder bringt was mit und teilt es mit allen. So entstehen die herrlichsten Büfetts!

»Ich bin dann mal weg« – die Reise zum Fest: Über die Weihnachtsfeiertage auf Kreuzfahrt gehen und während des runden Geburtstags unerreichbar in der Karibik oder in einer schönen Stadt verweilen – das ist meine liebste Art, meine persönlichen Feste zu feiern. Runde Geburtstage verbringe ich gerne im Urlaub mit meinen besten Freunden.

Gelegenheiten zum Feiern bietet das Leben also genau so viele, wie du selbst entdecken möchtest. Davon zeugt dieses Buch mit all seinen Ideen und Anregungen.

Für die ganz großen Feste habe ich gemeinsam mit einer Kollegin ein paar Tipps gesammelt, die dir bei der Planung helfen können.

In wenigen Schritten zum schönsten Fest

Während einer Hochzeitsfeier auf einem alten Fabrikgelände habe ich Hochzeitsplanerin Nadja Dotzauer kennengelernt. Sie hat damals alles organisiert: Stühle, Tische, Deko, Blumen, das Catering für die unterschiedlichen Tageszeiten, alle Abläufe – und mich als Zeremoniarin für die Freie Trauung. Nadja hat für dieses Buch ihre »Top 16« zusammengestellt – die wichtigsten Stichpunkte, die du bei größeren Festen ausführlich bedenken solltest:

Aus der Erfahrungsschatzkiste

Checkliste für jedes Fest

Emotionen
Ob Freudentränen, gemeinsames Lachen oder Dankbarkeit – die Emotion oder Emotionen, die du während deines Events erleben möchtest, sollten die Basis für deine weitere Planung sein.

Budget
Definiere ein maximales Budget für deine komplette Veranstaltung. Brich es auf einzelne Punkte herunter, um dir die weitere Planung zu erleichtern. Niemals sollte ein Event dich in den finanziellen Ruin stürzen. Je detaillierter du alle gewünschten Punkte definierst und mit einem realistischen Wert belegst, desto einfacher wird dir die Planung fallen. Hilfreich ist von Anfang an eine Abstufung: Was muss unbedingt sein, was hättest du gerne, was wäre schön – aber wenn es nicht klappt, ist es auch ok?

To-do
Die gute alte To-do-Liste lässt einfach nichts vergessen. Sie sollte dich in irgendeiner Form von Beginn an begleiten, nach Bedarf geändert oder ergänzt werden und dir als Faden für die gesamte Planung dienen. Entweder als Excel-Liste oder auf Papier oder per App – es gibt viele Möglichkeiten, den Überblick zu behalten.

Location
Im eigenen Garten? Auf einem öffentlichen Platz? In einer Feier-Location, die du buchst? Wo genau soll sich deine Feier abspielen? Bedenke dabei die Jahreszeit und das zu erwartende Wetter, die Anzahl deiner Gäste, den gesamten Ablauf und die Emotionen, die du transportieren und erleben willst.

Dienstleister
Manchmal bedarf es nur eines Grills und Getränken. Sobald es darüber hinausgeht, solltest du dir schnell klar sein, wen du alles brauchst, welche Dienstleistungen du dir ins Boot holst oder was Familie, Freunde und Bekannte abdecken könnten.

Verantwortung vor Ort
Gerne wird diese Funktion als »Zeremonienmeister« betitelt. Er oder sie hat die Aufgabe, sich um alles im Hintergrund zu kümmern. Ob es um die pünktliche Ankunft von Dienstleistern geht, um zeitliche Entscheidungen vor Ort oder persönliche Belange deiner Gäste. So kannst du den Tag entspannt genießen und dich einfach nur durch den Tag führen lassen. Je größer das Fest ist, desto hilfreicher ist solch eine Hilfe.

Konzept
Spätestens jetzt solltest du dein Konzept genauer definieren. Mit Farben, Formen und Details. Vergiss hierbei nicht Punkt 1: die Emotionen.

Weniger ist mehr
Highlights sind das gewisse Extra auf Events und bleiben gerne in Erinnerung. Dennoch solltest du so viel Luft in deinen Tagesplan einbauen, dass du und deine Gäste den Tag auch genießen können. Viel zu schade sind so straffe Programme, dass eher die Atmosphäre einer Tagung aufkommt als die eines gemütlichen und schönen Events.

Gäste
Zeit, die Einladungen auszusprechen. Ob unkompliziert per WhatsApp-Nachricht, persönlich von Mund zu Mund oder per klassischer Einladungskarte. Eine »Save-the-date«-Karte viele Monate vor dem Termin hilft denen, die langfristig planen müssen. Beachte auch Ferien und Feiertage.

»Am bekömmlichsten ist der Wein, wenn er nicht einsam, sondern im Kreis von Freunden getrunken wird.«

Francis Jammes, 1868-1938, französischer Dichter

Relax
Ja, nun könntest du dich erst einmal entspannen. Deine Gäste sind eingeladen, die Dienstleister sind gebucht und das Konzept ist fixiert. Entspannt geht es also weiter mit den Details und Kleinigkeiten.

Deko-Queen
Wenn es das Event erlaubt und es dein Wunsch ist, setze deinem Fest nun das Krönchen auf. Liebevolle Details und Kleinigkeiten machen jedes Event noch persönlicher. Wem das nicht liegt – nicht jeder ist eine Deko-Queen –, kann sich Unterstützung von kreativen Freunden oder einem Eventausstatter suchen.

Ablauf
Hier unterscheidet sich ein privates Event nicht von einem Businessevent. Eine großartige Veranstaltung steht und fällt mit dem Ablauf. Je detaillierter du jeden einzelnen Schritt planst und diesen mit den entsprechenden Dienstleistern fixierst, desto entspannter kannst du selbst den Tag genießen. Je größer das Fest, desto klarer sollte der Ablauf sein.

Persönliche Feinheiten
Jedes Event hat seine ganz eigenen »Spielregeln«. Du selbst hast diese schon mit dem Gedanken an dein Event und

den damit verbundenen Emotionen definiert. Dennoch solltest du das auch auf ganz liebevolle aber deutliche Weise deine Gäste wissen lassen. Wunderbar kannst du das in den Einladungen verpacken. Angefangen bei Startzeiten, über einen eventuellen Dresscode bis hin zu wichtigen Informationen zu Kindern, Hunden, Parkplätzen und so weiter.

Letzter Check
Schau noch mal auf deine To-do-Liste – wirklich nichts vergessen? Prima! Dann kontrolliere nochmals die Zusagen, die Ankunft der Dienstleister, die Dekoration und so weiter.

Bleib dir treu
Taufe, Hochzeit, Geburtstag, Weihnachtsfeier – alle Gäste haben ihre Erwartungen und oft auch Vorurteile. Dinge, die als »must« empfunden und welche, die als eigenartig eingestuft werden. Denk daran: Ein privates Event ist immer *dein* Event. Nicht das der Allgemeinheit, nicht das der Nachbarn und auch nicht das deiner Verwandtschaft. Du darfst selbst über Emotionen, Dekoration, Ablauf und Highlights entscheiden. Bleib dir treu, lebe deine Leidenschaft und erfülle deine Wünsche!

Celebrate
Genieße diesen Tag! Feiere entspannt und lass dich mit Familie und Freunden durch ein herrliches Event leiten. Bedenke: Es muss nicht perfekt sein. Es muss zu dir passen. Es sollte schlicht und einfach *dein* Fest sein.

Nadja Dotzauer, *1988, Mama, Wifey, Businessfrau. Touristikkauffrau, Eventmanagerin und Marketingfrau. Seitdem sie denken kann, ist sie sowohl privat als auch beruflich immer auf der Suche nach einer neuen Herausforderung. Sie liebt es, mit Menschen zu arbeiten, ist Dienstleisterin durch und durch und wird vermutlich auch in Zukunft unzählige verrückte Ideen um- oder auch in den Sand setzen. www.nadjadotzauer.de*

WORAN ERKENNE ICH EINEN GUTEN DIENSTLEISTER?

Dass im Wort »Dienstleister« das Wort »dienen« steckt, ist sicher kein Zufall. Mehr als um das reine Geldverdienen geht es darum, demjenigen, der einen Dienstleister bucht, ein unvergessliches Erlebnis zu bereiten. Die Freude und Dankbarkeit, die die Kunden empfinden, und das häufig freundschaftliche Verhältnis, das sich daraus entwickeln kann, sind mir mehr Antrieb als das Honorar. Folgende Hinweise können dir ein guter Kompass bei der Auswahl des für dich geeigneten Dienstleisters sein:

Persönlichkeit: Je ausgelassener und vertrauter die Stimmung sein soll, desto wichtiger ist es, dass du dich mit sympathischen Menschen umgibst. Das gilt auch für Dienstleister. Eine gute Chemie untereinander ist die Basis einer guten Zusammenarbeit.

Gefühl: Achte auf dein Gefühl! Schon beim ersten Telefonat oder Treffen kannst du das checken. Wenn du dich verstanden, gut beraten und perfekt aufgehoben fühlst, wird das passen mit euch. Auch für uns als Dienstleisterinnen sind ausgiebige Treffen zum persönlichen Kennenlernen sehr wichtig. Solch ein Treffen sollten dir Dienstleister immer anbieten.

Kompetenz: Wirklich gute Dienstleister haben keine Geheimnisse. Ihre Beratung ist offen und ehrlich, das konkrete Angebot mit Zahlen, Daten, Fakten und dem Kleingedruckten wirst du im Detail durchsprechen dürfen. Wer in irgendeiner Weise rumdruckst, könnte Wichtiges verheimlichen wollen.

Auftritt: Erste hilfreiche Hinweise liefert das Netz. Gute Bewertungen, viele Fotos mit glücklichen Kunden, eine moderne Homepage und ein freundlicher Auftritt in den unterschiedlichen Social-Media-Kanälen sind ein gutes Indiz für Professionalität. Und wenn Freunde und Bekannte dir Empfehlungen geben, lohnt es sich meist, denen nachzugehen.

Individualität: Ein guter Dienstleister versteht, dass seine Kunden in der Regel ganz unterschiedliche Wünsche und Bedürfnisse haben. Ein individuelles, auf dich maßgeschneidertes Angebot ist Grundvoraussetzung für eine gute Zusammenarbeit.

Herz: Wie bereits erwähnt: Wir Dienstleister verrichten einen Dienst. Wer dies nicht mit Leidenschaft tut, scheint uns fehl am Platz. Natürlich möchten wir alle mit unserem Angebot auch Geld verdienen. Doch wer mit vollem Herzen und großer Leidenschaft seine Dienstleistung anbietet, wird alles daransetzen, nicht nur einen Dienst zu verrichten, sondern seine Kunden zu einhundert Prozent glücklich zu sehen.

Übrigens: Es gibt in einigen Regionen mittlerweile Gutscheinbücher, in denen sich ganz unterschiedliche Dienstleister vorstellen, z.B. für Hochzeiten, und bei denen du dann einen Rabatt bekommst, wenn du sie engagierst. Tipp: www.hochzeitsgutscheine-muenchen.de

»Service leidet oft unter einem Sehfehler.
Man sollte dabei den Blick nicht mit einem Auge aufs Konto richten,
sondern stets konzentriert mit beiden Augen auf den Kunden.
Wer einmal schielt, dem glaubt man nicht.«

KarlHeinz Karius, * 1935, Autor und Verleger

Tipp

Zu jeder gelungenen Party gehört eine gute Playlist. Lieder haben oft Bedeutung, sie erinnern uns an Erlebnisse, Menschen, Orte. Du kennst das sicher: Wenn ein Lied im Radio kommt und du sofort bei jemandem oder an einem bestimmten Ort bist. Hast du schon mal über die Playlist deines Lebens nachgedacht?

NUN FEHLT NUR NOCH DER RICHTIGE FOTOGRAF

Ein Fest mit allen Gästen, Programmpunkten, Situationen und Emotionen in Bildern festzuhalten ist eine richtig gute Idee. Denn es sind fotografisch manifestierte Erinnerungen, die wir ein Leben lang betrachten und feiern können. Schöne und für dich ganz passende und stilgerechte Bilder sind einfach die schönste Erinnerung an ein wichtiges Ereignis. Ich habe Profis gefragt, wie du den passenden Fotografen für dich und dein Event finden kannst.

Aus der Erfahrungsschatzkiste

Über das perfekte Bild
Ein Fest im Bild festzuhalten ist eine ziemlich gute Idee. So kannst du auch nach 20 Jahren noch ein Fotoalbum aus dem Schrank ziehen und einen bedeutenden Moment deines Lebens in besonderer Weise Revue passieren lassen. Wie wichtig dir das ist, entscheidet darüber, wie viel du bereit bist zu investieren. Ein guter Fotograf verbringt viele Stunden mit dir: zum Kennenlernen und Absprechen vor dem Fest, dann während des Fests oft bis tief in die Nacht und natürlich nach dem Fest, wenn es darum geht, aus Hunderten von Bildern die allerschönsten auszusuchen, dir zu Verfügung zu stellen und ein Fotobuch zu erstellen. Das hat seinen Preis – aber vor allem hat es einen Wert.

> »Heute kennen wir von allem den Preis und von nichts den Wert.«
>
> Oscar Wilde, 1854-1900, irischer Schriftsteller

Der erste Schritt auf dem Weg zu deinem Fotografen: Schau dir Bilder an und suche dir die aus, die dir gefallen. Stil, Farbe, Bildeinstellungen – jeder hat seine eigene Handschrift, und du kannst herausfinden, was gut zu dir und deinem Anlass passt. Ein Bild ist dann perfekt, wenn es dir richtig gut gefällt.

Weil Fotografen mit ihren Kameras meist sehr nah an dich herankommen, halten wir es für wichtig, dass die Chemie zwischen euch stimmt. Ein gutes Verhältnis ist die Basis für schöne Bilder. Wir als Fotografinnen und Videografinnen sind dabei, um alle schönen Momente deines Fests zu dokumentieren und für immer festzuhalten. Es ist nicht notwendig, dass du direkt in die Kamera blickst. Du kannst uns gern ignorieren. Es passiert natürlich nichts, wenn ihr hin und wieder mit uns Blickkontakt aufnehmt. Aber bitte nicht jedes Mal, wenn wir den Auslöser drücken. Wenn wir einen Blick direkt in die Linse möchten, werden wir es euch ohnehin sagen.

»Digitalfotografie ermöglicht uns nicht nur, Erinnerungen festzuhalten, sondern auch, welche zu kreieren.«

Onlinefundstück

Wenn du dann auch noch deinen Gästen sagst, dass sie uns in Sachen Fotos und Videos vertrauen können, dann steht den schönsten Bildern wirklich nichts und niemand mehr im Weg. Wichtigste Anweisung für dich selbst: lächeln und genießen!

***Vanessa** (*1989) **& Saskia Badura** (*1998) sind als Schwesterduo mit ihren Kameras unterwegs, um authentische Momente für die Ewigkeit einzufangen. Sie sind emotional, ein bisschen verrückt und leben ihre Leidenschaft. Die beiden lieben ihre große Patchworkfamilie und verbringen täglich Zeit miteinander in ihrer fränkischen Heimat.*
www.vanessaundsaskia.com

DIE KLAMOTTEN-FRAGE

Kleidung sollte immer dem Anlass angemessen sein – und natürlich den Gastgebern, der Location, der Jahreszeit usw. Mittlerweile haben sich Dresscodes entwickelt, mit denen du deinen Gästen schon in der Einladung zu deinem Fest bei der Auswahl ihrer Garderobe helfen kannst – und du weißt zukünftig auch selbst, was im privaten und beruflichen Umfeld angesagt ist.

PRIVATE KLEIDERORDNUNGEN

Bei privaten Festen wird mittlerweile oft zwischen Abendveranstaltungen und Tagesevents unterschieden. Abends geht es oft formeller zu, und ein Frack, ein Smoking oder ein langes Abendkleid ist angemessen, während tagsüber ein Cocktailkleid oder ein einfacher Herrenanzug ausreichend ist. Besonders bei Hochzeiten wird zur festlichen Trauung oft ein anderes Outfit gewünscht als für die Party am Abend.

Informell/Abendgarderobe: Stilvoll mit Luft nach oben.
Damen: Elegantes, halblanges Cocktailkleid mit Feinstrumpfhose und vorne geschlossenen Schuhen. Kein Hosenanzug.
Herren: Dunkler Anzug, helles oder dezent gemustertes Hemd und passende Schnürschuhe.

Festlich elegant: Das kleine Schwarze.
Damen: Cocktailkleid, Etuikleid oder Hosenanzug in eher gedeckten Farben, Blusen dürfen pastellfarben sein, dazu geschlossene Pumps.
Herren: Dunkler Anzug (aber nicht zwingend schwarz), langärmeliges helles Hemd mit passender Krawatte und dunkle Schnürschuhe.

> »Ein Mann kann anziehen, was er will – er bleibt doch nur das Accessoire der Frau.«
>
> Coco Chanel, 1883-1971, französische Modeschöpferin und Unternehmerin

Sommerlich festlich: Für die feierliche Gartenparty.
Damen: Kostüm oder Cocktailkleid, auch ein langes Maxikleid aus einem leichten Stoff oder ein heller Hosenanzug, dazu geschlossene Schuhe.
Herren: Leichter, schicker Anzug, der gerne auch hell sein darf, dazu passendes helles Hemd mit Krawatte und Schnürschuhen.

Smoking: Für den Casinobesuch.
Damen: Elegantes Cocktailkleid oder schickes Abendkleid, das gerne boden- oder knielang sein darf.
Herren: Smoking – und nichts anderes.

Black Tie: Der Dinner-Code.
Damen: Langes, einfarbiges Abendkleid, gerne auch schulterfrei.
Herren: Dunkler Anzug oder Smoking, dazu ein weißes Hemd und eine schwarze Fliege, außerdem schwarze Schuhe.

White Tie: Die höchste Kunst des Kleidens.
Damen: Bodenlanges und schulterbedeckendes Abend- oder Ballkleid in dezenten Farben. Geschlossene Schuhe mit Absatz sind ein Muss.
Herren: Schwarzer Frack, weißes Hemd, weiße Fliege, ggf. weiße Weste.

> »Im Grunde hat die Mode nur eine Funktion:
> Uns großartig aussehen zu lassen.«

Donatella Versace, *1955, italienische Modeschöpferin

GESCHÄFTLICHE KLEIDERORDNUNGEN

Im Berufsleben solltest du grundsätzlich gepflegt und gut gekleidet sein. Wenn du keine Firmen-, Dienst- oder Klinikkleidung tragen musst, ist die Frage, was passt. Achtung: Die Definition der folgenden Dresscodes kann von Unternehmen zu Unternehmen und von Branche zu Branche verschieden sein. Im Kreativbereich werden meist Casual-Looks bevorzugt, während es im Sales-Bereich formeller zugeht. Auch deine Position spielt eine Rolle: Je höher deine berufliche Stellung, desto formeller ist die Kleidung. Denn es ist einfach so: Kleider machen Leute.

Casual: Locker und leger.
Damen: Lange Hose oder Rock, schickes Oberteil; auch Kleider mit wenig Ausschnitt; hohe oder auch flache, offene und geschlossene Schuhe sind passend.
Herren: Gebügelte Baumwollhose, in manchen Fällen auch eine Jeans oder Chinohose; dazu ein schickes Shirt, ein Hemd oder ein Sakko; geschlossene Schuhe sind bei Männern Pflicht.

Smart Casual: Das legere Business-Outfit.
Damen: Sowohl Rock als auch Hose mit schickem T-Shirt, Top oder Bluse und auch ein gut geschnittenes Sommerkleid ist noch zulässig. Rock oder Kleid sollte allerdings nicht kürzer sein als eine Handbreit über dem Knie.
Herren: Die Anzughose passt, aber das Sakko und die Krawatte dürfen abgelegt werden. Auch Stoff- und Cordhosen und sogar dunkle Jeans und als Oberteil Poloshirt und Hemd sind angemessen.

Business Casual: Komplettes Geschäftsoutfit.
Damen: Schicke Bluse, Pullover, Top oder T-Shirt zu Rock oder Baumwollhose. Neben schlichten Pumps passen auch Sandaletten.
Herren: Keine Jeans, dafür elegante Stoffhosen, Hemden und Poloshirts, eher keine Krawatte. Ein schlichter dunkler Anzug passt auch, dazu passendes Schuhwerk, das auch leger sein darf (zum Beispiel ordentliche, saubere Sneakers).

> »Eleganz heißt nicht, ins Auge zu fallen, sondern im Gedächtnis zu bleiben.«
>
> Giorgio Armani, * 1934, italienischer Modeschöpfer und Unternehmer

Business Attire: Seriös und elegant – der Führungskräftestil.
Damen: Hosenanzug oder Etuikleid mit Blazer, dazu geschlossene, eher flache Schuhe und Feinstrumpfhose.
Herren: Anzug, Krawatte, einfarbiges Hemd, farblich passende Socken und schlichte Schuhe. Im Sommer auch ein kurzärmeliges oder hochgekrempeltes Hemd.

Casual Friday: Vorfreude aufs Wochenende.
Schon seit den 1950ern wird in Nordamerika der Casual Friday praktiziert. In großen Unternehmen mit vorgegebenen und formellen Dresscodes werden freitags die Kleidervorschriften gelockert und auch legere und sportliche Kleidung darf im Büro getragen werden. So können sich die Angestellten auf das anstehende Wochenende einstimmen. Die Unternehmen versprechen sich von dieser Lockerung eine erhöhte Arbeitsmoral. Mittlerweile ist der Casual Friday auch in Europa und Asien verbreitet.

Tipp
Im Zweifelsfall vorab beim Gastgeber nachfragen, was genau gewünscht ist. Das wird dir niemand übel nehmen.

DANKE

Für jedes Mal, wenn du ganz deprimiert bist, am Boden liegst, dir ein feierlicher Satz wie »Auf das Leben!« nur schwer über die Lippen kommt, weil du sehnsüchtig darauf wartest, dass die Sonne in deinem Leben wieder aufgeht, hätte ich noch eine Idee für dich: Schreib doch einfach einmal die 26 Buchstaben des Alphabets untereinander auf ein großes Blatt Papier. Und dann finde für jeden Buchstaben einen Grund, für den du dankbar bist.

Ich habe das anlässlich dieses Buches gemacht und sage damit von Herzen Danke für bzw. an:

A **Annette Friese.** Talentscout beim adeo Verlag. Danke, dass du mich vor vielen Jahren motiviert hast, meine Ideen und Lebenseinstellung in Bücher zu schreiben.

B **Brownies.** Lauwarm mit Eis und frischen Früchten ein wahrer Seelenwärmer.

C **Carmen.** Eine meiner kanadischen Freundinnen. Thank you so much for sharing all those delicious recepies with me! Your Morning Muffins even made it into this book!

D **Dr. Christoph Münz.** Danke, dass Sie die jüdischen Feste in diesem Buch auf ihre Richtigkeit gecheckt haben.

E **Esther Marscheck.** Du bist meine beste Freundin und Lebens-Gefährtin im besten Sinn dieses Wortes. Danke, dass du mir immer wieder zeigst, wie schön das Leben sein kann!

F **Meine Familie.** Liebes-Badewanne, Mutmach-Bande, Mich-wieder-auf-die-Füße-Steller. Mama, Papa, Robby, Caro: Ihr seid so toll!

G **Gott sei Dank!** Ich bin überzeugt: Alles Gute kommt von oben.

H **Homeoffice.** Ich arbeite viel von zu Hause aus. Bildschirmpausen mit Wäscheaufhängen und Mittagessenkochen genieße ich sehr, genauso wie den Mittagsschlaf auf dem Sofa.

I **Ideenreichtum.** Ich feiere Schwarmintelligenz, Kreativpools und Crowd-Planning. Gemeinsam denkt man weit über eigene Grenzen hinaus!

J **Mein Job.** Ich darf Profession mit Leidenschaft und purer Freude verbinden!

K **Karoline Kuhn.** Programmchefin beim adeo Verlag. Wundervoll, dass du dich auf dieses schöne Abenteuer mit mir eingelassen hast!

L **Lektorin Sarah Koller.** Du hast meinen Ideen zu einem gut strukturierten Buch verholfen. Einfach fantastisch!

M **Meine Mitautoren.** Ich bin echt dankbar, dass ihr eure Geschichten und Erlebnisse für dieses Buch aufgeschrieben habt. Ihr macht dieses Buch damit noch reicher, denn ihr alle gebt Einblicke in Lebensbereiche, die ich selbst nur aus der Theorie kenne. Wie ihr mit eurem Leben umgeht, inspiriert mich. Danke für euren Mut!

N **Notebook.** Dieser schicke kleine Computer-to-go, der es mir ermöglicht, überall zu arbeiten. Und überall Filme zu schauen. Und überall mit Freunden in der Welt zu skypen. Und, und, und …

O **Optimismus.** Denn Leben ist doch das mit der Freude und den Farben und nicht das mit dem Ärger und dem Grau.

P **Patenkinder.** Ich habe zwei, Elisa und Paula. Und gemeinsam mit ihren Eltern Katrin und Florian gehören sie zur Horde meiner Lieblingsmenschen.

Q **Quark.** Was wäre das Leben ohne eine Marmeladen-Quark-Semmel zum Frühstück …!

R **Robby.** Mein Steuerberater. Und mein großer Bruder. Was für eine einzigartige und tolle Kombination!

S **Shabnam Jalali und ihre muslimischen Freunde.** Danke, dass ihr alle muslimischen Feste in diesem Buch gecheckt habt!

T **Tee aus England.** Der leckerste!

U **Urlaubszeiten.** Ich selbst habe für dieses Jahr schon viel Schönes geplant.

V **Versicherungen.** Die beruhigen mich an allen Ecken und Enden meines Lebens.

W **Ilka Walter.** Marketinglady beim adeo Verlag. Wir beide haben schon die einstelligen Kindergeburtstage miteinander gefeiert – und jetzt machen wir Bücher zusammen. Wie krass ist das denn?!

X **Xaviera.** Eine meiner Weggefährtinnen, die mir beim Buchstaben X zum Joker geworden ist.

Y **Yuccapalme.** Ich mag dieses Grünzeug einfach sehr!

Z **Zeit.** Ich bin wild entschlossen, sie genüsslich auszukosten.

Tina Tschage
Coaching. Zeremonien. Lebensglück.

Tina als …

… Referentin und Speakerin für Ihr Event: Weitere Ideen und Themenvorschläge unter www.tina-tschage.de

… Trau-Frau, die Freie Trauungen, Kindersegnungen, Trauerfeiern, Beerdigungen und andere Anlässe des Lebens liebevoll und individuell gestaltet: Einblicke und Informationen unter www.trau-frau.de

… Coach & Trainerin mit Ihnen auf dem Weg, ob im privaten oder beruflichen Umfeld, allein oder im Team: Themen und Formate unter www.personalways.de

Kontaktieren Sie mich gerne:
mail@tina-tschage.de

Auf das Leben!

Ich liebe es, Menschen an den Meilensteinen ihres Lebens zu begleiten! Jede Situation hat ihre eigenen Möglichkeiten. Der eigene Blickwinkel auf das, was das Leben zu bieten hat, entscheidet über mein persönliches Glück oder Unglück. Deshalb tue ich nichts lieber, als Menschen zu ermutigen: Umarmen Sie das Leben mit allem, was es Ihnen bietet.

Über Tina Tschage

Jahrgang 1982, Theologin, Redakteurin, Rednerin, Zeremoniarin und Coach. Nach Jahren in der Kirchengemeindegründung landete sie erfolgreich in den Medien: bei Bibel TV in Hamburg, beim ZDF in Berlin, schließlich als Redaktionsleiterin wieder in Hamburg. Seit 2012 freiberuflich unterwegs als Coach, Speakerin, Zeremoniarin und Trau-Frau (www.tina-tschage.de /www.trau-frau.de). Ihre Bücher entspringen ihrer Leidenschaft, wertvolle Inhalte lebensnah zu transportieren und Menschen die Sinne für ihr eigenes Glück zu weiten. Tina Tschage lebt in München in der überkonfessionellen christlichen Lebensgemeinschaft »SegensReich«.

Endnoten:
[1] Michelle Obama, BECOMING
© 2018 Wilhelm Goldmann Verlag, München, in der Verlagsgruppe Random House GmbH
Übersetzung: Harriet Fricke / Tanja Handels / Elke Link
[2] Tomas Sjödin: Warum Ruhe unsere Rettung ist © 2016 / 2019 SCM R.Brockhaus
in der SCM Verlagsgruppe GmbH, Witten / Holzgerlingen

Der Verlag weist ausdrücklich darauf hin, dass im Text enthaltene externe Links vom Verlag nur bis zum Zeitpunkt der Buchveröffentlichung eingesehen werden konnten. Auf spätere Veränderungen hat der Verlag keinerlei Einfluss. Eine Haftung des Verlags ist daher ausgeschlossen.

Der Verlag hat sich bemüht, die Inhaber aller Rechte ausfindig zu machen; dies ist leider nicht in allen Fällen gelungen. Sollte dem Verlag gegenüber dennoch der Nachweis der Rechtsinhaberschaft geführt werden, wird diese selbstverständlich in branchenüblicher Weise abgegolten.

Alle statistischen Daten wurden der Quelle www.statista.de entnommen

Copyright © 2020 adeo Verlag
in der SCM-Verlagsgruppe GmbH, Dillerberg 1, 35614 Asslar

1. Auflage Juni 2020
Bestell-Nr. 835276
ISBN 978-3-86334-276-0

Umschlag, Konzeption und Gestaltung: Miriam Gamper-Brühl, www.3kreativ.de
Lektorat: Sarah Koller
Druck und Verarbeitung: Print Consult GmbH, München
Printed in Europe

www.adeo-verlag.de

Bildnachweis:

Coverfoto: © Shutterstock/Pushish-Images

Illustrationen: © Shutterstock: Floral /Lana mrs, Buchtipp /IhorZigor, Tipp /StockBURIN

Fotos: © Shutterstock:

S. 11, S. 70, S. 115, S. 165 /Halfpoint; S. 12 /Galyna Andrushko; S. 17 /SeventyFour; S. 19 /Ivan Kruk; S. 22 /MakeStory Studio; S. 25 /t.max; S. 27 /maramarijicak; S. 29 /Robert Kneschke; S. 30 Fischkuchen /Anastasia_Panait, Schmetterlingkuchen /Tobs1900, Zebrakuchen /minadezhda; S. 31 /bondart; S. 36 /Galina Kovalenko; S. 38 /Romrodphoto; S. 40 /ms.yenes; S. 42 /Tetiana Rostopira; S. 44 /TunedIn by Westend61; S. 48 /Impact Photography; S. 50 /Val Thoermer; S. 54 /ChristART; S. 55 /Sebastian Duda; S. 58 /Monkey Business; S. 59, S. 60 /debasige; S. 61 /oneinchpunch; S. 63 /baranq; S. 66 /Perfect Wave; S. 67 /Yulia Grigoryeva; S. 68 /SFIO CRACHO; S. 78 /Jason Finn; S. 82, S. 93 /Rawpixel; S. 85 /Truktanova Oksana; S. 87 /Mangostar; S. 92 /Adam Wasilewski; S. 98 /Pushish Images; S. 103 /Vergani Fotografia; S. 111 /Fevziie; S. 114 /Golubovy; S. 118 /gephoto; S. 122 /zoyas2222; S. 125 /Ivan Kruk; S. 129 /Liderina; S. 134 /eldar nurkovic; S. 140 /Dmitri Ma; S. 144 /Africa Studio; S. 145 Iris Willecke; S. 147 /jakkapan; S. 148 /Antonio Guillem; S. 155 /John Lumb; S. 156 /oneinchpunch; S. 159 /Breslavtsev Oleg; S. 169 /Rubes.fotos

S. 8 Andreas Adenauer; S. 32-33 Dein Sternenkind; S. 35 Oliver Wendlandt; S. 43 Darius Ramazani; S. 46 Caroline Tschage; S. 53 Thomas Hirsch-Hüffell; S. 58 Sophia Langner Photography; S. 65 Roland Baege; S. 72, S. 121, S. 138+139 Tina Tschage; S. 73+74 Andreas Adam; S. 76+77 VanessaUndSaskia; S. 84 Titus Lindl; S. 90 Ester & Stefan; S. 131 Stephanie Martin; S. 137 Gerald Förster; S. 147 Marzia; S. 150 Stefan Bitzer; S. 161+163 Mokati Fotos&Film; S. 167 VanessaUndSaskia; S. 174 Ursula Undeutsch